変わりゆくマスメディア

増田隆一

あみのさん

まえがき

　好むと好まざるに関わらず、我々はさまざまな情報に接触しながら日々の生活を送っている。その情報を得る媒体＝メディアは、半世紀前の日本ならばテレビかラジオが最も標準的であり、100年前なら新聞が情報メディアの筆頭だった。

　時代が昭和から平成に変わった頃から、電子技術の著しい発展に伴って、国民の生活環境も社会構造も大きく変化した。ほんの10年ほど前でさえ想像が難しかったような、利便性の高い情報機器や通信インフラが次々に登場し、人々の情報との接触スタイルも著しく様変わりしている。

　電子機器はデジタル制御が当たり前となり、「インターネット接続したパソコン」や「ガラケー／スマートフォン」など急激に普及したメディア・プラットフォームが、新聞・放送を含む旧来メディアと国民との間の関係を、大きく変えつつある。中でも、この20年間での放送メディアが占める地位の急落は、"激変"と呼ぶにふさわしい。

　日本の放送メディアは、20世紀初頭のNHKのラジオ放送開始とともに始まり、戦後間もなくテレビも加わって、ラジオ・テレビともに常に国民の情報摂取の中心だった。

　昭和初期には平均的な家庭の居間の真ん中に、木製の楽器のような美しい外観のラジオが置かれ、定時ニュースや話題のラジオドラマなどの放送時間になると、一家全員のみならず周辺のラジオ受信機を持たない家庭の人々までもが、その周囲に集まった。

　1953年に放送が始まったテレビにおいても、ラジオの全盛期とほぼ同じ構図が成り立ち、高価なテレビ受像機を持つ家庭には近隣の人々が集まり、一緒に番組を楽しんだ。その後テレビは低価格化とともに急速に普及し、高度成長期（1955年から1973年まで）の後半には、「毎日必ずテレビを見る」という人の割合が、ほぼ100％に達した。

ところが、最近のNHK放送文化研究所の調査「日本人とテレビ2015」によると、20代の日本人の16％が「テレビを全く見ない」と答えている。4％が「テレビを持っていない」という。

　本書では、出版・新聞・映画やラジオ・テレビなどの既存マスメディアと、日本国民との関わり方を、その時々の社会状況や新たに出現した情報技術の紹介を交えながら考察し、既存マスメディアが、どのようなメカニズムと由来由歴で、今やメディアとしての地位が危うくなりつつあるのかを示そうと試みた。

　出版・新聞などの活字メディアは、不況が叫ばれるようになった1990年代以降、さまざまな経営面でのテコ入れがされてはいるものの、いまだ業界として回復の兆しはない。

　2015年度末での放送業界の収益は、高度成長期のような"濡れ手で粟"でないものの、東京の民放局などは現在の厳しい経済情勢下で、高い利益を計上しているかに見える。

　しかし、今まさにこの瞬間も、既存マスメディアのビジネスモデルは、「船底のどこかに穴が空いた船」の如くジワジワと吃水を上げていて、その沈下速度は年々早まっていると見ざるを得ない。特定の数社だけが沈降しているのではなく、NHKを除く既存マスメディアのビジネス全体が沈み始めているのだ。

　言い換えれば、既存のマスメディア全てが、「ビジネス構造の根本的再構築」を迫られているのではないか。その理由は何故か。「根本的再構築」とは何か。そのためにどのような認識が必要か。

　これらを秩序立てて考えるために、本書の前半では「日本のマスメディアの成り立ちと今までの役割」をひも解き、後半では「将来に向けての情報ビジネスの構造分析」を論じることにした。

　本書の考察と提言によって、日本におけるマスメディアとその利用者（＝国民）との関係やビジネス構造を示すことができ、既存マスメディアの再生に少しでも役立てば幸いである。

増田　隆一

目次

まえがき …1

第1章　マスメディアの登場と放送黄金期　…5

第1節　マスメディアの登場〜江戸から明治へ〜　…5
第2節　音と映像のマスメディア　…10
第3節　放送の登場　…18
第4節　記録媒体とコンテンツ　…25
第5節　テレビ黄金時代　…30

第2章　デジタルの時代　…45

第1節　アナログで始まった録音録画　…45
第2節　アナログからデジタルへ　…51
第3節　パソコン通信とインターネットの登場　…55
第4節　デジタルのビジネス構造へ　…61
第5節　ｉモードの出現とブロードバンドの衝撃　…67

第3章　ICT革命と情報ライフスタイル　…73

第1節　静的ウェブサイト、動的ウェブサイト　…73
第2節　ウェブ放送　…77
第3節　ネットゲーム、オンデマンド配信　…80
第4節　プッシュメディアとプルメディア　…87

第4章　変貌するメディア環境　…97

第1節　「茶の間」とテレビ　…97
第2節　既存メディアの「ヴァーティゴ」　…102
第3節　デジタルラジオとAM　…109

第5章　新たなメディアの時代へ　…113
第1節　既存メディアの換骨奪胎へ　…113
第2節　コンテンツハンドリング業　…116
第3節　終わりに　…120

参照文献　…125

第1章　マスメディアの登場と放送黄金期

第1節　マスメディアの登場～江戸から明治へ～

　日本を始め地球上では、様々な情報媒体（＝メディア）が生活に必要な情報を、多くの人々に伝達している。

　大規模人口に情報が伝えられる媒体は一般的にマスメディア[1]と呼ばれ、現代においては、新聞、雑誌、書籍、ラジオ、テレビ、インターネットなどが代表として挙げられる。鉄道の車内吊りやタクシーの座席前などの交通広告や、交通量が多く人目につきやすい場所の看板なども、マスメディアのカテゴリーに含む場合が多い。

　しかし、大衆が様々な情報を得られるようなマスメディアが社会に登場したのは、日本の歴史の中で、それほど古いことではない。

　平安以前は勿論のこと、江戸時代などの近世でも、日本の庶民の社会情報源は、街角の噂話・落書が主であり、広範囲の大人数に平滑に情報が届くようなメディアは、ほとんどなかった。重大な行政情報は、ごく限られた場所に高札（お触れ書き）が設置され[2]、命令文の形で掲示されたが、日常的な連絡事項などは、地区責任者に役人から口頭で伝えられることが多く、人々が直接入手できるものではなかった。

　「紫式部日記」や「更級日記」などには、誰かが書いた面白い文章の写筆が貴族の間で盛んに行われ、複数の人々の間で同一原稿が回し読みされていたことを記した下りがある[3]。コミュニケーション要素の有無で考えると、明らかに文字と紙を媒体とした「同一情報の授受と共有」が行われていたわけで、「情報と媒体」の2要素が存在して

---

[1] 「マス」がどれほどの規模かについては、議論がある。一般的な辞書では「大衆」「大量」とされている。
[2] 現在も裁判所や行政命令など、施設前に設置した掲示板への張り出しをもって、正規の布告としている官公庁は多い。
[3] 谷戸貞彦『伊勢物語と業平』10頁（大元出版、2006年）

いたと見ることは可能かも知れない。しかし、これをマスメディアの起源と考える研究者は、そう多くはいないようだ。

　江戸時代には、世間の話題を面白おかしく文章に書き起こし、木版で一枚ものの印刷物にした「かわら版」が誕生した。しかし、当時と現在の人口を勘案して比較したとしても、発行部数は新聞より桁違いに少なかったのではないかと見られており、事実を十分に反映した内容たるべしという社会的要求もなかったことから、現代用語として使われている一般的な意味での「新聞」に該当するかどうかについては、微妙だ。書かれた文の内容も、街中のゴシップを裏付け取材もしないままに揶揄した表現が多く、報道というよりもむしろエンターテインメント性を重視したイギリスのタブロイド新聞に近い性格だった、と推認できる[4]。しかし、「かわら版」が社会的に果たしていた機能そのものは、現在の活字メディア＝新聞や雑誌にある程度似通っていた、と概括的に解釈して良いだろう（かわら版は活字ではなく木版であるが）。

　「かわら版」の発行部数については、正確な数字を記録したものが見つかっておらず、想像するしかない。しかし、「木版が擦り切れた」などという記述が見られるため、浮世絵のように微細な印刷表現が必要ではなかった「かわら版」で、文字の判読が難しい状態まで版木がすり減ったとすると、数千枚程度は発行されたのではないか、と推測できる。もちろん、「擦り切れた」という表現そのものが、誇張として書かれたもので事実ではなかった、という可能性もある。

　明治時代に入ると、相次いで創刊された新聞が、日本国民の生活に欠かせないマスメディアとして、急速に普及した。もっとも、初期の新聞は、一般庶民の識字率向上や社会知識の啓蒙という狙いから明治政府の保護を受けたこともあって、現在のように事件・事故の報道や政治動向などの記述が中心ではなく、読みやすく平易な文体の軽い読

---

[4] 小野秀雄『かわら版物語　江戸時代マスコミの歴史』28頁（雄山閣出版, 1960年）

み物が主だったようだ[5]。

報道内容や言論を重視した現在のような一般紙は、1870年の『横浜毎日新聞』を皮切りに、1874年『読売新聞』、1879年『朝日新聞』と創刊が続き、知識人だけでなく一般市民も政治や思想などの言論に触れられるようになって、語句の現在の意味に近い「マス・コミュニケーション」が成立した。発行部数は朝日新聞の記録によると、創刊当時1日1万部弱程度で、創刊4年後の1883年に「2万1461部で全国一に」[6]となっている。

日本の新聞は報道機関／言論機関として、欧米のクオリティ・ペーパーを目標に掲げていたため、報道内容や記事の中身そのものの倫理基盤もしっかりしており、日清・日露などの戦時情報に集まる社会の渇望に応えたことなどから、明治の中ごろまでには、国民からの信頼を集める情報源として、確固たる地位を獲得した。また、日本政府の判断や政策に対して、「国民目線からの批評・批判を展開する」という、それまでの日本社会に存在し得なかった、政権批判の世論形成に関わる情報を、一般大衆に広く行き渡るように提供した点において、新聞は画期的な新メディアだった。

印刷技術の目覚ましい発達に加えて、鉄道網の敷設・日本各地でのターミナル建設など、輸送・運送に関わる社会インフラの急速な充実も、当時の日本社会の近代化要素としては、極めて重要だった。つまり、新聞を始めとする活字の情報メディアが事業として発展成長するために是非とも必要であった諸条件が、近代国家建設に猪突猛進した明治政府の施策と相まって、幸運にも一斉に整った、と見て良いだろう。また時を同じくして、新聞が国民の間に広く醸成した「活字に接する楽しさ」を基盤にして、文学や一般教養などに関する出版文化も、この時代に大きく開花している。

明治維新で急速に近代化が進んだ日本社会では、活版印刷の発達に

---

[5] 西田長寿『明治時代の新聞と雑誌』149頁（至文堂、1961年）
[6] 朝日新聞ホームページ『会社概要』 http://www.asahi.com/shimbun/company/outline/

よってさまざまな書籍が発行されるようになった。その皮切りは「国学」「漢学」分野の出版だった[7]。明治政府が天皇家と朝廷を主軸とした国史観を国民の基礎教育として推奨したことから、これら「国学」「漢学」を専門分野とする吉川弘文館や明治書院などが、相次いで会社として設立された。

また、明治政府が公布した天皇の「五箇条のご誓文」に、「知識を世界に求め」や「万機公論に決すべし」などの文言があったことから、一般教養や政治思想・言論に関する書物の出版社が数多く生まれた。例えば現在も出版業界のトップグループにいる講談社の前身は「大日本雄弁会」であり、言論誌『雄弁』の発行が社業の始まりだった[8]。文字通り政治・思想を語る「講談」が、出版社設立の主眼だったわけだ。

坪内逍遥が評論「小説神髄」を発表した1885年頃から、それまで江戸時代の浮世本などでの世俗描写＝戯作の流れをそのまま活版印刷で単行本にした「浮世本」や、言論の自由化に伴う「政治評論」の冊子化などを中心にしていた出版業界が、人間の心理面や事物の細緻な描写でエンターテインメント性を高めた読み物を、数多く社会に供給するようになった[9]。

文芸では、夏目漱石の「吾輩は猫である」「坊ちゃん」が連載された『ホトトギス』が人気を集めた。『ホトトギス』はもともとは俳句の専門誌として創刊されたが、編集者の高浜虚子や伊藤左千夫らが小説を載せ、好評を得たことから総合誌へと編集方針を変えた。「吾輩は猫である」が発表されると一般読者からの圧倒的な支持を集めたため、発行部数は俳句専門誌時代の300部から1万部へと、大きく伸びている[10]。

---

[7] 彌吉光長『明治時代の出版と人』71頁（日外アソシエーツ、1982年）
[8] 講談社ホームページ『講談社の歴史』http://www.kodansha.co.jp/about/history.html
[9] 川副国基『近代文学の評論と作品』17頁（早稲田大学出版部、1977年）
[10] 『短歌研究・第65巻』115頁（短歌研究社、2008年）

新聞も言論・文芸出版も、初期の発行部数の日刊数千部から、すぐに数万部レベルに情報到達のスケールを広げている。これは「大規模人口＝マス」と呼べる事業規模であろう。運営者が一定の教養背景と倫理意識を持って社会情報を収集・編集し、不特定多数に到達する前提を意識しながら事業化したという点で、明治時代の「新聞・出版業の開始」が、日本におけるマスメディアの誕生と位置付けて良いのではないか、と思われる。

　新政府の設立から社会インフラの近代化、そして言論や文芸といった大衆文化醸成へと進んだ明治と言う時代に、新聞と雑誌などの出版業界が、近代日本のマスメディアとして、機能的にも文化的にも、重要な社会基盤になったのである。

第1章　マスメディアの登場と放送黄金期

第2節　音と映像のマスメディア

　音声情報のエンターテインメントと言えば、まず音楽を挙げるべきだろう。人類が最初に創造した芸術の一つであり、自分以外の第三者が創作した音楽作品を、生演奏ではなく、何らかの媒体にその音を記録して聴くことは、人類の積年の夢であった。

　人類最初の「音を記録する機械＝蓄音器」は、1857年にフランスのド・マルタンヴィルによって発明された。しかし、残念なことにこれは「音を波形として記録する」機能しかなく、「音を再生して聞く」ことはできなかった。

　記録した音声を再生できる「蓄音器」は、1877年にアメリカのエジソンが実用化した。当初は錫箔を張った真鍮筒を回転させ、メガホンで拾った音声振動を鉄針に伝えて錫箔に刻むスタイルで、長時間の記録も出来ず、音質も悪かった。

（発明者エジソンと「蓄音機」：撮影 M・ブレイディ　1878年）

　エジソンの発表からまもなく、ベルリナーがエボナイトの円盤に音声振動を刻む「グラモフォン」を開発して、エジソンの「蓄音器」の低音質や量産困難を解決し、「蓄音器」との市場競争に打ち勝った。いわゆるアナログ・レコードの誕生である。

　明治末期の1910年、それまで蓄音機もレコードも欧米から輸入するしかなかった日本に、蓄音機とレコードの製造会社「日本蓄音機商

会」(後の日本コロンビア)が誕生した [11]。オリジナルのレコード盤製造も始まり、「秋田おばこ節」「越後盆踊」などの民謡や、端唄・小唄や浪曲などの俗謡の録音が盛んに行われた。日本蓄音機商会設立の1910年から3年の間に、クラシック音楽や軍楽なども含め、実に1200種類ものレコードが制作されている。特に人気があった吉田奈良丸の浪花節のレコードは、注文が殺到したため昼夜二部交代で生産にあたり、月産が15万枚に達したという記録が残っている [12]。

　国産の蓄音機とレコードは、どちらも相当に高価だったにも関わらず、出現するや否や庶民の娯楽として広く普及し、多くの人を楽しませながら日本社会に定着した。

　大正時代に入ると、社会的なブームにもなった自由民権運動と大正デモクラシーの影響で、レコードのタイトルカテゴリーにも、自由化の波が押し寄せる。劇作家・島村抱月が主宰する芸術座がトルストイの「復活」を上演し、劇中でカチューシャを演じた松井須磨子が歌う「カチューシャの唄」が好評を博した。すぐに東洋蓄音機がレコード化を企画し、松井須磨子自身が歌う「カチューシャの唄」のレコードは、2円近い高い値段がつけられたにも関わらず、2万枚が売れた [13]。当時のサラリーマンの大卒初任給が平均40円前後だった [14] 事を考えると、月給の20分の1は安い買い物ではない。

　また、自由民権運動の影響という意味では、政治家の政見をレコードにして販売するという、現代に置き換えて考えると「一般商品としては到底売れるわけがない」としか思えないような企画商品もあった。

　大隈内閣司法大臣の尾崎行雄は、地元選挙区である三重県の支持者ら向けに自分の演説を吹き込んだ5枚組のSPレコードを作り、7円50銭で販売した。「カチューシャの唄」の4倍近い値段である。大隈

---

[11] 宇田川勝,中村青志『マテリアル日本経営史：江戸期から現在まで』67頁（有斐閣、1999年）
[12] 生明俊雄『日本レコード産業の生成期の牽引車＝日本蓄音機商会の特質と役割』6頁（広島経済大学経済研究論集第30巻第1・2号　2007年）
[13] 坪井賢一『近代日本のポピュラー音楽史』13頁（ダイヤモンド社、2016年）
[14] 週刊朝日編『値段史年表明治大正昭和』86頁（朝日新聞社、1988年）

第1章 マスメディアの登場と放送黄金期

重信の演説の3枚組レコードは、定価5円という価格にも関わらず「封を切っていない木箱（およそ100組入り）ごと売れた」ほどの人気があった[15]。

政治に対する日本国民の傾斜が強く、特に人望を集めた政治家がこの時代に数多く輩出したことも、政見レコードがヒットした背景にあった。

確かに「演劇」や「政治言論」などのカテゴリーに、当時の自由闊達な社会のムードが後押しして人気が集まった状況もあるだろうが、これらの政見レコードが熱狂的に受け入れられ、商品として十分に売り上げられたのは、「音声マスメディア」という活字とは異なった全く新しい情報媒体＝レコードの存在そのものが、当時の人々から見て「新時代の到来を予感させた」ため、ではないだろうか。

一方で、「大隈重信公の演説レコードを聞くときは、公が臨席しているが如く、謹んだ態度で拝聴しなければならない」とか、「演説レコードと義太夫や落語などのレコードを、同じ席でかけると選挙違反になるので注意せよ」などという、的外れな説も流布された。

天皇の「教育勅語」を読み上げる際、聴衆や関係者らが「直立不動を求められた」のと同じ意味だろうが、レコードの再生に対しても同様の配慮がなされたことは、十分なリアリティ(＝人間が演じる事と同義)があると認められたわけだ。

ニュース・ソースとしても、新聞ほどの速報性はなかったものの、政見演説や演芸・歌曲などは、時事の話題に近い新鮮な内容であり、相当規模の不特定多数の市場に到達していた。つまり、この時代のレコード産業は報道的情報源の側面すら持っていた。

映像を記録する手段としては、明治以前の幕末から、特権階級のみならず一般市民レベルにまで「写真」が既に広まっていた。

写真は文章とは違うインパクトを与える表現媒体で、絵葉書やブロマイドという形で大衆に広く受け入れられ、新聞や書籍の構成要素と

---

[15] 倉田喜弘『日本レコード文化史』91頁（岩波現代文庫　1979年）

して重要な役割を示すようになった。写真を使った絵葉書の中には、災害現場を主題としたものも現れ、人気俳優のプロマイドなどと共に一種の報道媒体として機能を果たしていた時期があった。しかし、さまざまに展開するメディアの合間で、写真だけの独自マスメディアが成立するまでには至らなかった。

写真を大人数で楽しむイベントとしては、寺社の縁日などの出店で、「のぞきからくり」という見世物があった[16]。

(「のぞきからくり」を見る人々：提供　新潟市巻郷土資料館)

大きな箱の中に写真や図絵を入れて照明を当て、複数ののぞき口から接眼レンズを通してみるもので、一度には5〜20人程度しか鑑賞することは出来ない。写真も歌舞伎や妖怪話などの単純なものが多く、演者が口上を述べながら、絵図を入れ替える。もともとは手品仕掛けや、からくり人形を箱の中に仕込んでいたために、「からくり」と呼ぶようになったようだが、保守技術が必要だったために取り扱える人間が限られ、明治・大正期には珍しい絵画や写真を見せる見世物に変わっていたようだ。

1日の観客数がせいぜい数百人程度の見世物だったとすれば、その内容も情報の到達規模についても、「のぞきからくり」をマスメディア

16　古河三樹『図説庶民芸能・江戸の見世物』143頁（雄山閣、1982年）

と呼ぶには難がある。やや規模が大きな紙芝居に近いものと考えるべきだろう。

　1830年代に、ヨーロッパやアメリカ各地で「ゾエトロープ」と呼ばれる、「のぞきからくり」に似た見世物が流行した。これは、細い縦スリットを複数個所に開けた円筒の内側に、人物や動物の連続した動作を瞬間ごとに分解した絵を描き、スリットから覗いてみると、あたかも絵が動いているかのように見える"動画からくり"だった。

　同じ時期、フィルムの感度を高めて写真のシャッター速度を早め、映像の輪郭が明瞭な写真が撮影できるカメラが出現した。さらに、同時に複数のカメラで連続してシャッターを切り、被写体の一連の動作が連続写真となる撮影も可能になった。

　1878年、エドワード・マイブリッジという写真家が、疾走する馬の連続写真を発表した。これを重ねてパラパラと連続して見ると、馬が走っているように見える。

　1891年、トーマス・エジソンが、このマイブリッジの連続写真からヒントを得て、映画の原型とも言える「キネトスコープ」を発表した。

　被写体をポジフィルムで連続撮影し、円盤型のシャッターを使って写真1枚1枚を連続的に見る。すると、映像の動きが連続して眼に残る（＝残像）ために、被写体があたかも動いているように見える。つまりは「箱を覗いて鑑賞する映画」であった。

　鑑賞の方法は「のぞきからくり」と同じだが、フィルムが見える角度が限られていたため、複数の人間が同時に見ることはできなかった。

　「キネトスコープ」は1893年シカゴ万博で公開されて大好評を博し、その後わずか2年の間に、ほぼアメリカ全土に「キネトスコープ」を楽しめるパーラーが設置されるほどの大人気を集めた。

　ところが、1895年にフランスのリュミエール兄弟が、強力な光源と拡大レンズを使って、フィルムに写った映像を白布のスクリーンに投影する「シネマトグラフ」を発表し、鑑賞者一人一人が箱を覗き込

まねばならない「キネトスコープ」は、あっという間に駆逐された。
　「映画」の誕生である。
　「シネマトグラフ」は5年後のパリ万博で公開され、全世界に広まった。日本ではパリ万博以前の1897年に、京都・大阪で上映会が行われている[17]。明治半ばの日本は、欧米への志向とコンプレックスが強かった分、最新技術の情報入手と対応に熱心だったと言えよう。
　一方、「映画の発明者」の座をリュミエール兄弟に奪われた形になったトーマス・エジソンは、その結果をネガティブに捉えることなく、自らも「シネマトグラフ」にさまざまな改良を加えて、独自のスクリーン投影式の映画システムを考案した。「シネマトグラフ」では映写フィルムの投影機構が外にむき出しだったのに対し、エジソンの映写機は光源の前のフィルムが通る部分をボディの内側にして、物理的な接触でフィルムのトラブルが起きる危険性を少なくした。映写機の横腹に窓を開けて光源のランプの風通しを良くし、内部に熱が溜まらないよう工夫した。
　エジソンはこれらの改造を加えた映写機を「ヴァイタスコープ」と名付け、多くの特許を得ている[18]。
　さらにエジソンは、「映画」を撮影する専用施設と、多人数が鑑賞する公演施設が揃えば、「映画」がビジネスカテゴリーになり得ることを予見していた。そのためには、人々が見たがるような、さまざまな種類の「映画」を揃えることが重要になる。
　撮影機と映写機に関する特許を多数保有していたエジソンは、爆発的人気が出始めていた「ヴァイタスコープ」を用いて、企業や団体が勝手に映写会を開いたり映画製作を企画したり、エジソンの了解なしに取り扱ったりすることに不満を持っていた。そこで、映画の製作や上映施設を作り始めようとしていた企業に対して、必ずエジソンの許可を得たうえで契約を結ぶよう、自身の特許を根拠に制限を課した。

17　庄林二三雄『日本の文化産業―和魂洋才の日本的商法』35頁（有斐閣、1981年）
18　田中純一郎『日本映画発達史：活動写真時代』25頁（中央公論社、1980年）

第1章 マスメディアの登場と放送黄金期

　多くの会社がエジソンの特許制限に閉口して映画業から撤退したが、エジソンに反旗を翻したいくつかの団体は、西海岸のハリウッドに拠点を移して映画作りを続けた[19]。その後いくつかの法改正が行われて、エジソンの締め付けが法的に無効とされたため、映画会社は自由に作品を作り、興業を行えるようになった。この結果、ハリウッドは世界的にも類を見ない、映画産業の一大拠点となった。

　当時の映画は、映像だけで音声がない「無声映画」だ。上映の際には、欧米ではオーケストラやジャズバンドが生演奏で、映像に似合う雰囲気の音楽をつけた。日本では「活動弁士」という演者がスクリーンのそばに立ち、映画に登場する人物のセリフや状況描写などを、節回し良く観衆に伝えた。さまざまなストーリーに登場する複数の登場人物を、声色で演じ分けることができる落語家や講談師・浪曲師は、活動弁士として要求される技術・資質を備えていたため、転職した者も数多かった。

　大正時代には、関東・関西の各地に誕生した映画撮影所で「歌舞伎名場面」や「時代活劇」などが数多く制作された。次々に生まれた映画作品には、歌舞伎や剣劇の人気役者らが出演していたため、噂を聞いた役者らのファンが全国の映画館に殺到して、日本の映画産業は極めて短期間のうちに、熱狂的な支持層と固定市場を獲得した[20]。

　映画には、歌舞伎や浄瑠璃・狂言などと同様に、脚本(筋書き)とキャラクターという、エンターテインメント上で必要かつ重要な構成要素があった。さらには、映写される役者が生き生きと動いているにも関わらず現実のものではないという不思議な感覚と、映画を鑑賞することでさらに想像が掻き立てられる余地があるという、従来の舞台演芸カテゴリーにはなかった情動誘導の要素が加わっていた。

　映画産業は、それまで日本人の余暇の主役だった歌舞伎や浄瑠璃を、

---

[19] 村山匡一郎『映画史を学ぶクリティカル・ワーズ』29頁（フィルムアート社、2003年）
[20] 神山彰『近代演劇の水脈』256頁（森話社、2009年）

あっさりエンターテインメントの主役の座から引きずりおろし、放送メディアが登場するまでの 30 年ほどの間、活字媒体とともに日本のマスメディアの中心的枠割を担った。

　ニュース・ソースという観点では、昭和初期に映画館で上映され始めた「映画ニュース」がある。事件・事故などの社会報道から政治情勢に至るまでの広い分野で、動画とアナウンスによる時事のニュースが、映画が上映される前や後の観客向けサービスとして上映された。戦時中においても、映画館での「日本ニュース」が、日本劣勢の戦局を帝国陸海軍に有利な内容に歪曲して伝え、軍部礼賛の愛国心を国民に植えつけた点で、情報メディアとして重要な役割を果たした[21]。

　明治から大正末期に至る 60 年間は、産業革命とその成果ともいうべき工業インフラと新発明によって、大規模な人口（マス）に様々な形態の情報が届くメディア＝媒体が、次々に誕生し開花した時期だった。新聞、雑誌、レコード、映画、それぞれが独立した性格と機能を持ち、明治以前には存在しえなかった市場規模のビジネスを確立した点で、「マスメディアの第一次発展期」と、この時代を名付けても良いのではないだろうか。

---

[21]　岩本憲児『日本映画とナショナリズム、1931-1945』207 頁（森話社、2004 年）

第1章 マスメディアの登場と放送黄金期

第3節　放送の登場

　事業を始めた当初から、新聞社は新聞の宅配制度を始めており、開始直後は新聞社自身が購読を契約した読者の自宅に、直接新聞を配送する作業を行っていた。明治の終わりごろに、地域販売店が、担当区域内の契約者に配達をするシステムが出来上がり、新聞はますます「信頼できる新鮮な情報源」としての地位を確立した[22]。

　ところが、新聞事業の誕生から50年余りが過ぎた1925年、新聞が得た「情報源の盟主の座」は大きく揺らぐ。

　ラジオの登場である。

　ラジオ放送が公に始まったのは、1925年（大正14年）3月22日午前9時30分。東京放送局（後のNHK東京）の「アーアーアー、聞こえますか」という言葉で始まった。実際に受信できている人には聞こえているわけで問いかける必要もなく、いささか間の抜けた呼びかけのように思われるが、この時代のラジオは鉱石ラジオであり、受信の度に鉄針を鉱石の表面に滑らせて、良い接触位置を探る必要があったため、このような呼びかけが必要だったと言われている。

　東京放送局開局当時の鉱石受信機は、広辞苑を2冊重ねた程度の大きさで、現在のヘッドホン型のマグネチックレシーバだったため、聴くことができるのは一人だけだった。

　真空管による信号増幅でスピーカーを鳴らすラジオもほぼ同時期に販売されていたが、外国製真空管があまりに高価だったため、一般への普及は遅かった。一説によるとラジオ受信機1台が当時の貨幣価値で150円～350円近くしたという。大卒初任給が平均50円前後[23]の時代だから、とんでもない贅沢品だが、「ラジオを持っている」ということ自体が、当時ではステータスでもあった。と同時に、それまでには無かった「現在進行形の情報を入手」することで、排他独占的な

22　石岡克俊『著作物流通と独占禁止法』207頁（慶応義塾大学出版会、2001年）
23　週刊朝日編『値段史年表明治大正昭和』86頁（朝日新聞社、1988年）

立場を手にすることができた。当時の平日昼間の放送の多くが株式情報だったことを考えると、ラジオを持っていることで、情報面での圧倒的な優位を手にすることが出来たと思われる。

（鉱石ラジオを聴く少女、1926年頃 撮影金田増一：提供 日本ラジオ博物館）

　その後ほどなく安価な国産真空管が民間にも出回るようになると、対応ラジオ受信機が開発され、昭和初期（1930年頃）には平均的な一般家庭でもスピーカーで聞けるAMラジオが購入できるようになった。これが「ラジオやテレビを家庭の中心に置くライフスタイル」の始まりと言える。遠く離れた場所にいるアナウンサーが生放送で"喋りかけてくる"という生々しさで、新聞よりもはるかに新鮮な情報を入手できるラジオは、それまで誰も経験したことがない情報との接触スタイルが含まれていた点において、近代の日本社会における最初の「情報革命」と言えるかも知れない。

　太平洋戦争の終結まで、日本のラジオ放送はNHK1波のみであり、複数の放送からのチャンネル選択は出来ない。そういう意味ではラジオと言いながら、例えば現代における行政有線放送（特定の地域内に大きなスピーカーで行政からの情報をアナウンスで流すもの）と意味合い的には変わりがなかった。NHKラジオの番組編成の根幹はニュースと政府広報であり、放送時間も午前・午後の短時間に限られてい

たが、回覧版などで放送時刻が告知されていたラジオ番組を聞くために、人々は受信機を持つ家庭に集まった。過疎地には自治体予算で公民館などの施設に共聴用のラジオが配布され、住民はそこに行けば、放送を聞くことが出来た[24]。

当時の番組は株式市況とニュースがほとんどで、朝夕に天気予報があった他は夜に1～2時間の娯楽番組があるのみだった。内容は概ね歌舞伎か落語などの演芸に限られ、ごく稀にラジオドラマが編成される。娯楽と呼ぶには貧相ではあったが、初めて接触する「放送エンターテインメント」に、人々は魅了された。都市・農村を問わず、多くの人がラジオ受信機の周囲に集まり、耳を澄ませて放送に聞き入った。

ラジオから流れ出る放送の内容は、聴取者にとって動かしがたい真実と概ね受け取られ、虚実を問わず人々に受け入れられる。落語などの演芸は圧倒的に支持され、時事解説などの政治色が濃いものであっても、放送内容を思想的に拒否する人は、ごく少なかったと見られている。

この識域下の思想操作は、やがて帝国軍礼賛・戦時体制容認のプロパガンダ放送へと繋がってゆく。大本営発表の戦況情報は、日本軍に有利な内容に意図的に歪曲され、国民の意識を「鬼畜米英」に傾けた。ラジオは大日本帝国政府にとって実に有効な全体主義体制構築のツールだったのである。その媒体力ゆえに、体制の終焉を告げるポツダム宣言受諾の玉音放送もまた、ラジオを通して国民に伝えられたのである。

終戦後まもなくして、それまでNHKだけだったラジオ放送に、民間放送が参入する。

1951年（昭和26年）9月、名古屋の中部日本放送と大阪の新日本放送[25]が、民間初のラジオ放送を開始した。その後およそ1年の間に、合わせて15局の民放ラジオが、日本各地に開局している。

---

[24] 船越章『放送の歴史と現状』177頁（新月社、1967年）
[25] 後の毎日放送

それらの多くは、新聞社が母体となった新会社であり、少なくとも報道機関・言論機関としての存在意義を、新聞社が地域の聴取者に訴えるべく設立した背景があった。

　会社組織である以上、費用よりも多い収入を上げ、何らかの利益を出さねばならない。しかし、「民間運営のラジオ」という新しいメディアにどれほどの一般の人々からの人気が集まるか不明だったうえ、収入源は番組内で放送する広告しか、当初の業務設計になかった。さらに、会社の立ち上げメンバーのほとんどは、放送番組の企画・制作も、その営業作業についても、当然ながら全く未経験であり、企業としての能力は完全に未知数であった。創立に参加した面々の中には、「遠くない将来に倒産するのではないか」と恐々としていた人物もいたようだ [26]。

　民放ラジオは、NHKとは全く違った番組編成を行い、放送の内容にも落語や漫才などの演芸場や街角からの生中継を多用したり、現場の様子をアナウンサーがことさらに面白おかしく伝えるなど、NHKとは一味違った、自由で明るい雰囲気が、多くの聴取者に好まれた [27]。

　ラジオがメディアとして君臨していた1930年代から1950年代にかけて、NHKでは「君の名は」「1丁目1番地」「とんち教室」、民放では「笛吹童子」「赤胴鈴之助」「少年探偵団」などの番組が、人々の人気を集めた。聴取率調査などは行われていなかったため、実際にはどれぐらいの人気があったか定量的には知り得ないが、「君の名は」などは"銭湯の女湯がカラになる"と伝えられている。

　民放ラジオが産声を上げてから2年後の1953年（昭和28年）、新たな情報メディア＝テレビが登場し、日本国民の生活を劇的に変える。

　日本のテレビ放送は1953年2月にNHKが、その半年後に日本テレビがそれぞれ一般放送を開始し、それ以来日本の国民生活に不可欠

---

[26] 原清『なにわ塾第21巻　我が母あればこそ　どん底・映画・新聞、そして放送』121頁（ブレーンセンター、1986年）
[27] 新谷尚紀、岩本通弥『都市の暮らしの民俗学：都市とふるさと』45頁（吉川弘文館、2006年）

第1章　マスメディアの登場と放送黄金期

な情報機器として、それまで主たる情報源として日本社会の中で揺るぎない地位を占めていたラジオ・新聞の立場を、瞬く間に侵食した。ラジオの登場により圧倒的に優位な立場は揺らいだものの、新聞も目から入る活字情報として、また時間をかけて情報を咀嚼することができる固定情報メディアとして、テレビが登場するまではラジオとほぼ同等の重要なメディア価値を保持していた。しかしテレビは、ラジオの速報性・同時性という先進的機能も、新聞の視認性という利点も、一挙に凌駕した。

民間放送テレビは、1960年代に現在の東京5局が揃い、次々に全国各地の地方局と系列を組んだ。最も先行したのは、読売新聞系列のNTV（日本テレビ放送網）であり、続いて毎日新聞系列のTBS（東京放送）、続いてサンケイ・グループのフジテレビ、日本教育テレビ（現在の朝日新聞系列のテレビ朝日）、日本経済新聞系列のテレビ東京である。

テレビ放送開始後しばらくはTV受像機が各家庭にまで行き渡っておらず、メディアの価値を広く宣伝するために日本テレビが先頭を切って設置した「街頭テレビ」が、一般庶民にとっては放送視聴の手段だった。高さ2mほどの物見台のようなボックスに置かれた20インチほどのテレビを、数十人から時には百人以上の群衆が取り巻き、画面に見入った。とりわけ人気が高かった日本テレビのプロレス放送は、まさに日本の大衆テレビ文化の原点と言える。プロレスは、叩きのめされても殴り倒されても立ち上がる日本人レスラーが、最後の最後に必殺技をさく裂させ、アメリカ人レスラーに勝利する演出が定番となっていて、「敗戦国が刻苦勉励の末に戦勝国に打ち勝つ」イメージを連想させ、当時の日本の国民感情に、ぴったりと同調した。

大卒の初任給が1万円をやや超える程度[28]の時代に、初期のテレビ受像機の小売価格は20万円を下らなかった。都市部でなければ建売り住宅が買えた金額であり、テレビは一般市民が個人で所有できるよ

28　週刊朝日編『値段史年表明治大正昭和』87頁（朝日新聞社、1988年）

うな家財ではなかった。1950年代の街頭テレビは、いわば現在の「サッカー日本代表戦のパブリックビューイング」と、ほぼ同じ機能だったと考えて良いだろう。テレビ放送が始まった直後の段階では、放送が届く先は一般家庭ではなかった。

（新宿の街頭テレビ、1954年頃：提供　読売新聞社）

　その後、テレビの価格は急速に安くなり、日本のほぼ「1家庭に1台」の割合で行き渡った。1959年皇太子成婚（今上天皇明仁と美智子皇后）、1964年東京オリンピックを契機に、一般家庭へのテレビ普及率は100％に迫っている。政府統計資料などによれば、テレビの市販価格は1957年に平均7万円になり、1960年には、3万円台の製品も発売されている[29]。

　1960年代に入ると、日本国内における世論や文化の形成は、テレビを中心に展開する。新聞報道とテレビニュースが両輪となって国民の社会意識や政治感覚が醸成され、テレビのドラマやバラエティ番組が、一般市民の間で人気の話題となった。

　この時代には、テレビのどの番組を視聴するかについて家族の中で激しい議論があったり、チャンネルの決定権を誰が持っているかで、

---

[29] 経済企画庁『経済要覧』（昭和46年版）、総理府統計局『小売物価統計調査20年報：全国66都市 昭和36～昭和55年』、文部科学省『科学技術白書』（昭和55年版）

第 1 章　マスメディアの登場と放送黄金期

その家庭の家族模様がわかったりしたものだ。

　また、番組に対する興味のあるなしに関わらず、テレビを視聴することは、職場や学校などでの共通の話題を持つことを意味した。このため誰かが何かの番組を見るためにテレビを点けると、その家庭では家族全員でその番組を視聴することが一般的だった。

　母親がドラマを見たければ、父や子供は例えクイズ番組を見たくとも我慢してつきあい、父親がナイター観戦を主張すると家族もそれに従った。子供はテレビの視聴時間に制限を加えられているのが当たり前で、見たい番組を親に申請して了解を得られたものだけを見る。「1日2時間」など、テレビの視聴時間に上限を設けられている子供はごく普通にいた[30]。

　テレビの普及率が 100% に近づいた 1965 年頃[31]には、一般的なテレビ視聴時間となったゴールデンタイム（19時から22時）[32]になると、各家庭の家族が茶の間（ダイニングかリビング）に集まり、画面を取り囲むように受像機に向かってテレビを見ることが、ごく自然に普遍化した。それぞれがその生活の場（職場や学校など）で、視聴した番組についての話題を交わすことが、標準的な日本人の慣習として、全国的に一般化した。話題の番組について、何らかの情報を持っていることが標準的社交に不可欠であり、これがなければ会話に参加することが出来ない。

　「ゆうべの巨人=阪神見た？」

　「あのドラマのあのシーンには泣かされた」

　民間放送が産声を上げた後の 1950 年代末頃から、2000 年あたりまでの日本社会において、テレビの話題はほとんど全ての人間関係に於ける共通項だった。

---

[30]　環境省　http://www.env.go.jp/policy/hAkuSyo/honbun.php3?kid=216bflg=1SeRiAl=13165
[31]　経済企画庁『経済要覧』（昭和46年版）
[32]　広告媒体としての視聴時間区分で、19時－22時の3時間を「ゴールデンタイム」、19時－23時を「プライムタイム」と呼ぶ

第4節　記録媒体とコンテンツ

　日本のマスメディアをめぐる状況を「情報の伝達媒体技術」という観点から考えると、新たな記録媒体が発明されるたびに、情報の送出側でも受け手側でも、さまざまな変化が起きたことが分かる。それは、音と映像をもとにした放送エンターテインメント分野で、革命的とも呼べる変革がこの100年余りの間に何度も起きたことから検証できる。

　ラジオもテレビも、それぞれの事業開始直後は、録音・録画の技術が業務用として信頼できるレベルにまで達しておらず、ほとんどが生放送だった。ラジオはアナウンサーがマイクの前で原稿を読み、テレビもカメラの前で出演者が喋り動くことで、放送番組を作っていた。

　ラジオでは、ベルリナーの「グラモフォン＝円盤レコード」による録音と再生が既に実用化されていたが、一度限りの放送にたくさん使用できるほど安価でもなく、ごく限られた用途にのみでしか使えなかった。ラジオがNHKだけだった時代には、政治家の重要な演説や、政府の広報などを発表する際に、円盤レコードに前もって吹き込んでおき、放送の際には、アナウンサーが放送内容の説明を行った後に、それを再生する手法が取られていた。昭和天皇が終戦を宣する玉音放送も、レコード盤への事前録音が2度行われており、より聞きやすかった2番目の録音盤が放送に使用された。2015年8月1日、その原盤が公開されてニュースになっている[33]。

　音声の記録/再生が可能な機器として、テープレコーダーが実用化されたのは1928年頃だが、業務用として放送に使うには安定性も音の再現性も性能が悪く、主に軍事用途に多く使われ、一般に利用され始めたのは第二次世界大戦後しばらくしてからのことだった。

　磁気を介した音声信号記録の仕組みは、19世紀末から知られていた。初期には、体積が大きい金属体そのものに磁気信号を記録する方式だったため、長時間かつ低雑音で電磁情報を固定することは難しかった。

---

[33]　http://www.nikkei.com/article/DGXLZO90027660R00C15A8CR8000/

ところが、プラスチック製の薄膜に酸化鉄を塗布する磁気記録媒体「磁気テープ」を、ナチスドイツ軍が秘密裡に発明していたことが終戦後明らかになり、この技術が世界中に広まったことで、電気信号を飛躍的に容易に安価に記録できるようになった。音声においては「テープレコーダー」であり、映像では「ビデオテープ」がそれにあたる。

民放ラジオが放送を始めた1950年代には、業務用のテープレコーダーが既に販売されていて、ラジオでは番組の事前録音が可能だった。ただ、業務用テープが高価だったため、放送が済んだ録音テープは大きな電磁石（エバリュエーター）を通して磁気を消し、繰り返し使用することが励行された。

初期の民放ラジオでは、放送するべき番組の中で、不適切な発言や内容の調整などがあった時のために、あらかじめ収録を長めに行っておいて、編集作業で長さを短くしたり、発言の一部を取り除いたりすることが、ラジオ・ディレクターの重要な作業だった。

編集作業は、オープン・リールのテープレコーダーを使って、切除が必要な発言や不要な内容があった部分の最初と最後を、録音された信号を拾う再生ヘッドにテープをこすり付けながら探し出すことから始まる。最初と最後の2点が見つかれば、ダーマトグラフ（皮膚科用の色鉛筆）でそれぞれに印をつけて、ハサミで切る。不要な部分は捨て、必要な前後のテープを編集用テープ（スプライシング・テープ）で繋ぐ。

本番用テープの編集が放送時間直前までかかり、番組を送信所に送り出している主調整室＝（マスター）に、ディレクターがぎりぎりのタイミングでテープを持って飛び込むことも、しばしばあった。ディレクターと技術者が協力し合いながら、再生機に手送りでテープを流し、事なきを得たこともあった。

録音が可能になったことで、ラジオ番組の制作条件に幅が出た。放送時間にあわせて出演者を拘束する必要がなくなり、深夜や早朝での番組であっても、有名な人物に出てもらうことができるようになった。

また、落語・漫才などの演芸や朗読や音楽演奏なども、録音対応することで、より適した時間に放送することができる。番組編成に余裕が生まれたことで、ラジオ放送全体の内容も充実していった。

その一方で、時間や気象状況など進行形の表現をラジオで告げることにより、「出演者が生で喋っている」という臨場感を生む演出も生まれた。

1965年（昭和40年）ごろに若者の間で一大ブームになった深夜放送ラジオは、人気の出演者（パーソナリティと呼ばれた）が生で喋っているという実感を前面に押し出したため、リスナーの共感を呼んだと考えられている [34]。

録音技術の充実が、ラジオ放送での番組の質や編成の幅を広げ、さらには録音か生かの違いを強調することによって、放送の流れを制御することができたという点で、録音技術の発展は、ラジオ放送に大きく寄与した。

映像の記録という点から考えると、テレビ放送が始まった1953年時点で、映像信号を記録する技術が存在してはいたものの、まだ研究中の段階に留まっていた。業務用機器としてアメリカのAMPEX社からビデオ録画機が販売され始めたのは、NHKと日本テレビが放送を開始した3年後の1956年で、当然ながら極めて高価[35]だった。

AMPEX社の業務用ビデオ録画システムは、日本では大阪の朝日放送が発売の公表とともに購入を予約し、数社がそれに続いたものの、世界中から発注が殺到したため生産が追いつかず、納品は2年半後の1959年になっている。当然、日本の全テレビ局が追随して次々にこれを購入し、テレビ番組もラジオと同様に、番組を収録してから放送できる時代に突入した。

当時の業務用ビデオの録画テープは2インチ（およそ5センチ）幅で、本体は小型のグランドピアノほどの大きさがあった。1台5万ド

---

[34] 日本民間放送連盟『民間放送三十年史』208頁（日本民間放送連盟、1981年）
[35] 石井淳蔵『日本企業のマーケティング行動』27頁（日本経済新聞社、1984年）

ル[36]（当時のレートで1800万円、運送費などは除く）と大変高価だったため、複数台の保有は民間放送には難しく、地方局なら1台買うのが精いっぱいだったようだ。

　録画システムの発売直後は、ビデオの編集システムもまだ未開発の状況で、番組の録画は生放送と同様に、オープニングから番組終了までが、一連の流れでなければならなかった。ところが、とあるアメリカの技術者が、鉄粉を録画テープに塗布することで磁気を帯びた部分の痕跡を可視化するアイディアを見つけ、それに沿ってカミソリでテープを切り、不要な部分を除く編集方法を編み出した。この「手切り編集」という芸術的職人技によって、初期の2インチテープの編集は行われた。余りに難度が高い作業技術だったため、新入社員の初任給が2万円弱の時代に、「1か所1万円」という編集料金が請求されたこともあったという。

　映像も音声でも、「収録」という手段が実用化され、放送局の番組供給における番組の制作や編成での自由度が、飛躍的に広がったことは間違いない。

　その一方で、聴取者・視聴者側では「録音」「録画」が、まだ一般的ではなかった時代が、20年近く続く。その間、ラジオ・テレビの番組＝「放送コンテンツ」は、放送される時間に合わせて、聴取者・視聴者がリアルタイムで受信し、視聴するほかなかった。つまり、「放送が国民の実時間を占拠する」時代だった。この放送番組の授受をめぐる聴取者・視聴者の拘束構造が、「放送が情報メディアの王様」だった状況の「本質」と言えるだろう。

　「記録媒体のあるなし」が、時代のありようにも大きく関わっていたのである。

　アナログ・レコードの分野では、レコード盤の材質や音声を再生する針などが改良されたのち、物理的な音声振動をそのまま拡声するのではなく、信号を電気的に増幅してスピーカーを鳴らす技術が生まれ

---

[36] 『朝日放送の50年　Ⅰ本史』80頁（朝日放送、2000年）、AMPEX社ホームページ http://www.cedmagic.com/history/ampex-commercial-vtr-1956.html

た。昭和初期から60年近くの間、アナログ・レコードは音声エンターテインメントの一分野として、世界中で楽しまれた。大量生産が容易だったプラスチック盤のアナログ・レコードは、音楽をはじめとする音声エンターテインメントの「主たる記録媒体」の座を長らく占める[37]。

1969年には、AMより雑音が少なく音質も良いFMラジオ放送がNHK・民間ともに始まり、好みの音楽をFM放送の番組から録音する「エア・チェック」が、音楽ファンの間で流行した。FMラジオでは、ほとんどすべての音楽ジャンルで、それぞれの専門番組があったことから、エア・チェックを綿密に行えば、元であるアナログ・レコードを買う必要がないほどだった。

エア・チェックでは、手軽なコンパクトカセットを使っても比較的良好な音質を確保出来たが、信号／雑音比率（S／N比）を重要視する音楽マニアらは、より高音質のオープンリールテープデッキを使って、再生時のノイズを減らそうとした。

当初レコード業界は、FM放送のエア・チェックによりレコードの売り上げが減る事を強く危惧していた。しかし、実際に放送が始まると、FM放送は音楽産業界にとっても、重要なプロモーション媒体となった。特定のアーティストを特集した番組が放送されると、関係するレコードの売り上げが急激に伸び、放送／音楽コンテンツ／ユーザーの間の関係は、ウィン・ウィンに近い良好なものとなった。

---

[37] 江崎玲於奈、Tetsuji Nishikawa、原田昇左右、未来の夢をひらく会『科学革命：日本生き残りの戦略』143頁（ダイヤモンド社、1983年）

第1章 マスメディアの登場と放送黄金期

第5節　テレビ黄金時代

　日本の地上波民放テレビの全国ネットワーク（ニュース配信系列）には、東京の5局をキー局とするNNN、ANN、JNN、TXN、FNNの、5つの系列がある[38]。略称アルファベットに含まれる「N」はニュースの頭文字であり、文字通り「ニュースを全国配信するため」が、本来の系列を設立する趣旨だった。と同時に、系列協定を結ぶことをきっかけにして、ニュース以外の放送枠においても、出演料や素材作成費などの制作費を多く投下した番組を、全国に一斉配信することが可能になった。

　さらに、この「全国ネット番組」を販売することにより、夕方から深夜までのテレビ視聴世帯が多い時間帯で、「お金をかけた高品質の番組」を共有して、効率よく系列全体の収益を上げるビジネスモデルが出来上がった。

　これら5系列のうち、テレビ東京（日本経済新聞グループ）系のTXNを除く4系列は、1975年に大阪局ABCとMBSの系列入れ替わりや、放送波でカバーできない地域の増減などがあったものの、概ね1965年までに全国ネットの番組を夜19時から22時（ゴールデンタイム）に並べることができる体制が作られた。

　NHKは、衛星放送2チャンネルが加わる1989年までは東京・渋谷の放送センターをキー局とする「総合テレビ」「教育テレビ」の2チャンネル体制で全国ネットを組んでいて、独自の番組編成を行った。民間放送とは異なって、テレビ受像機の保有者全てに一律に課される「受信料」という固定収入があり、「運営における特徴」として、番組編成・番組制作の自由度について、広告主の意向や視聴率に直接には影響されないという長所があることを掲げている。

38　民間放送の全国カバー：日本の地上波民間放送に与えられる免許では、放送区域を「全国」とすることは出来ず、都道府県域または地方域に限定されている。1社の放送会社が全国をカバーすることは出来ない。NHKも放送免許については、それぞれの地域ごとに別々になっている。

放送広告を主な収入源とする民間放送は、そのテレビ広告がどれほど多くの人に届いたかを広告主に説明する指標として、「視聴率」を使っている。現代用語として一般的に使われている「視聴率」は、正確には「世帯視聴率」を指し、年齢・性別を特定せずに「世帯の誰かが視聴していた」比率を、表している。
　サンプル家庭がどのような番組を視聴したか、アメリカの広告調査会社「ニールセン」の日本支社が機械式の視聴率調査を始めたのは、1961年4月からだった[39]。テレビが既に重要な情報端末になっていた時期であり、それ以前の人気番組の視聴率がどれほど驚異的だったかは、知るすべがない。
　1960年代・1970年代は、テレビが「日本国民が最も利用する情報機器」として圧倒的な占有率を誇っていた時代であり、民生用の録画機器が高価格などの理由から、広範には普及し得ていない状況と相まって、「放送番組を見るには、リアルタイムで直に視聴するしかすべがない」という物理的制限が、メディア価値をさらに押し上げた。1975年頃には、人口の100％に近い国民が、何らかのテレビ番組を視聴していた[40]。
　特に人気が集まったいくつかの番組は、30％を超える視聴率を集め、10％あればネット番組としてまずまずとされていた放送業界内では、これらを「オバケ番組」と呼んだ。
　日本社会にテレビが出現して、最も初期の時代に国民的人気が集まった分野としては「スポーツ中継」がある。とりわけ、前出の「プロレス中継」とNHKの「大相撲中継」、それに読売新聞社と日本テレビ放送網が読売ジャイアンツ人気を煽った「プロ野球中継」は、熱狂的に支持された。
　「大相撲中継」は、新入幕から快進撃を続けて昇進階段を駆け上っ

---

[39] これ以前にも、日記式や面接による調査は、NHKや電通が行っていた。1962年12月にはビデオリサーチが機械式調査を開始した。ニールセンは2000年3月に日本での視聴率調査から撤退した。
[40] 日本放送協会編『放送五十年史・資料編』592頁（日本放送出版協会、1977年）

た大鵬が、端正な容貌と相まって国民的な人気を集め、老若男女を問わず好まれた。常に大鵬の好敵手として人気を分けた柏戸と合わせ、1960年代のこの時期は、大相撲の歴史上で「柏鵬時代」と呼ばれることになるが、子供たちに人気があるものの代表として「巨人・大鵬・卵焼き」という表現が生まれるほど、大鵬は広範な支持を集めていた。大鵬が幕内上位に昇進すればするほど、その取り組みが徐々に結びの一番に近づくため、18時が近くなるにつれて路上で遊ぶ子供の姿が減っていったという[41]。

プロ野球は、1930年代から存在はしていたものの、リーグ戦が巷間の話題になるほどの人気はなく、戦前や終戦直後はむしろ東京六大学野球のほうが観客数が多かった[42]。しかし、1958年に現在のセントラル・リーグとパシフィック・リーグの12球団がそろい、ナイト・ゲームのテレビ生中継が始まると、人気が一気に沸騰した。特に、読売ジャイアンツは、長嶋茂雄と王貞治が入団直後の新人時代から全国的に話題となったこともあり、フランチャイズの東京以外でも人気があった。戦前からライバルだった阪神タイガースとの「巨人-阪神戦」のナイター中継は、東京・大阪2地区のみならず、全国で高い視聴率を得た。

この背景には、日本のプロ野球の発展に関わった正力松太郎が、日本テレビ放送網の初代社長に1952年に就任し、自身が再興した読売新聞社の営業にも配慮して、「ジャイアンツのゲームを全国ネット番組で放送し、新聞の販売促進のツールとしてチームそのものをキャラクター化する」という、巨視的な企業戦略があったものと考えられる[43]。このビジネスモデルは、1960年代初めから、スポーツ中継が衛星放送（CATV経由を含む）のキラーコンテンツへと移行する2000年ごろまで、きわめて有効に機能した。正力の慧眼に驚くほかない。

---

[41] 小林秀二『昭和の横綱』223頁（冬青社、1994年）
[42] 川本博康『昭和ひとけたの東京』116頁（文芸社、2002年）
[43] 三恵社編『スポーツ経営学入門』101頁（三恵社、2010年）

昭和30年代の日本は、2005年の東宝映画「ALWAYS三丁目の夕日」で描かれたとおり、世界経済の膨張に伴う輸出製品などの製造業を中心に、高度経済成長の真っただ中にある。テレビは日本国民の家庭生活の、まさに茶の間の中央に据え付けられた唯一無比の情報端末だった。

　多くの標準的な家庭では、起床と共にテレビの電源を入れることから一日が始まった。誰かが在宅中は、常にテレビが点いていた。テレビの電源が落とされるのは、家族全員が就寝するときだった。

　テレビ放送のネットワーク回線が整い、東京・大阪の番組が全国ネットで視聴可能になるとともに、費用をかけて作られた高品質のドラマやバラエティを、日本各地で楽しめるようになった。

　1960年にカラー放送が始まるまではモノクロ（＝白黒）の番組しかなかったが、スポーツ中継や華やかな歌謡ショーやドラマなどの番組に、人々は極彩色のイメージを投影していた。

　テレビ草創期の昭和30年代は、番組のほとんどが生放送だ。当時の番組編成で、舞台中継の他には30分以下の番組が多かった理由として、長時間番組の制作が難しかったことが挙げられる。芝居や演芸などであれば、しかるべき位置にカメラを据えて舞台を生中継すれば事足りる。しかし、クイズやバラエティやドラマなどは、あらかじめ決められた台本どおりの進行だったとすると、カメラや舞台装置をどのように実際に動かせばトラブルがないか、ディレクターやカメラマンが事前に綿密に準備しておく必要がある [44]。

　NHKでは、新進気鋭の放送作家だった永六輔が構成台本を担当し、作曲の中村八大と新人歌手だった坂本九を加えた「六・八・九トリオ」の楽曲が人気を集めた「夢で逢いましょう」（1961年〜1966年）が、この時代を代表する人気番組だ。「上を向いて歩こう」「遠くへ行きたい」「こんにちは赤ちゃん」などのヒット曲が生まれ、番組の初代ホス

---

[44] 志賀信夫『テレビ番組事始・創生期のテレビ番組25年史』77頁（日本放送出版協会、2008年）

第1章　マスメディアの登場と放送黄金期

テス・中嶋弘子の、上半身を右に倒しながら行う挨拶が話題を集めた。これはカメラに向かってお辞儀をすると、視聴者から顔が隠れてしまうからだと説明されていた。いかにも始まったばかりのテレビというメディアの特性を意識した演出だった。

　日本テレビの「花椿・光子の窓」（1958年〜1960年）という音楽バラエティは、司会の女優・草笛光子が国民的人気を集めたことで知られるが、生放送への対応が大変で、夕方18時30分からの30分番組であったにも関わらず、リハーサルには早朝から放送直前までの長時間を要した [45]。

　「光子の窓」は番組のオープニングで、窓枠から顔を出している草笛光子の歌から始まり、そのすぐあとに窓に隣接した「ダンスができるセット」に草笛が移動して踊る構成が多かった。窓を撮影していた3台のカメラのうち、どれか1台が窓のそばに据えられた美しい花や背景に描かれた青空と雲などを写している間に、残る2台が隣のダンスセットに素早く移動しなければならない。草笛自身も、オープニングで着ていた衣装をダンス用に着替えながらセットを移動する。慌ただしい段取りを、出演者も制作側も失敗無く滞りなく消化しなければ、何かしら不都合な衣装やシーンを放送する羽目になる。

　時には踊りのセットの中で、オープニングの衣装から半分だけしか着替え終えていない草笛が踊ることもあったらしい。

　大阪の朝日放送で、毎週土曜日19時30分に放送された30分ドラマ「部長刑事」（1958年〜2002年）も、開始当初は生放送だった。

　ドラマのセットは、台本に出てくる複数のシーンが連続して撮影できるようにスタジオの中に組まれ、出演者もシーンに合わせた衣装を用意して、放送に臨む。当然、リハーサルは繰り返し入念に行われたが、生放送の最中に俳優が突然セリフを忘れてドラマの進行が止まったり、関係者がセットの移動を間違えたために、いるはずのない役者が違うシーンに突然現れたりすることがあった。出演者はアドリブで

45　永六輔『昭和：僕の芸能私史』160頁（朝日新聞社、1999年）

誤魔化すほかない。
　「ナベさん、なんでこんなところにいたはるんですか？」
　「いや、急に思いついたんや」
　ドラマのストーリー上の不都合は、出演者のアドリブで切り抜けることができることもあったが、カメラなどの機材取り回しで不都合が発生すると、ドラマが終了するまで修正するすべがないケースもあった。
　3台のカメラがシーンに合わせてセットを移動するときに、カメラマンの誰かが移動の順番を間違えると、その後のシーンでカメラに接続してあるケーブル同士が交差して絡み合ってしまう。番組終了までにそれをほどくことが出来ず、ついには1台のカメラがケーブルでぐるぐる巻きになったという。
　民放の番組は放送局自身が制作するのが当然だった時代に、芸能プロダクションが企画・制作を全て行った番組が「シャボン玉ホリデー」（日本テレビ　1961年～72年）だ。渡辺プロダクションが所属する歌手ザ・ピーナッツ、ハナ肇とクレージー・キャッツをメインに据えた、歌とコントを交互に交えた30分番組だった。第1回からカラーのビデオ収録で行い、収録が徹夜で行なわれることも多かった [46]。
　NHKも民放とは全く異なったコンセプトながら、優れた番組を数多く制作し、特に都市圏以外の地方局では、「NHKニュース」を軸とした圧倒的シェアを、この時代に獲得している。
　今も続く、朝の15分ドラマ「連続テレビ小説」は、「バス通り裏」（1958年～63年）がその原型とされ、主演女優は国民的人気を獲得するという、NHKの連続ドラマ独特のスターシステムのパターンが生まれた。
　落語家の桂小金治がテレビに進出するきっかけとなった「ポンポン大将」（1960年～64年）や、既にNHKでファミリー層に人気があっ

---

[46] 毎日新聞社刊『連合赤軍・"狼"たちの時代、1969-1975』80頁（毎日新聞社、1999年）

た黒柳徹子の「魔法のじゅうたん」（1961年〜63年）といった子供向け番組から、「ジェスチャー」（1953年〜68年）「お笑い三人組」（1955年〜60年）といった広い世代に受け入れられる娯楽番組に至るまで、ジャンルも内容もNHKの番組は、民放に比べて幅が広かった。

また、民放では採算上ありえない制作費をかけた時代劇を、長期間にわたる連続もので放送するスタイルも、NHKの"お家芸"と言えるだろう。1963年に始まった「大河ドラマ」はその象徴でもある。高齢者から小学生まで、視聴者をごっそり持っていく「大河ドラマ」の日曜日20時台は、民放の番組編成に長年に亘って重圧をかけてきた。また、原作となった小説が年間売上げの上位に食い込み、「歴史小説」や「時代小説」のファンの幅を広げるのに貢献した。

大晦日の定番番組「紅白歌合戦」は、テレビでの放送が1953年の第4回からで、それまではラジオの看板番組だった。この番組に国民から集まる興味・関心は、高度成長期の日本に於ては、尋常ではなかった。

ビデオリサーチ社によれば、記録が残っている1962年から1980年頃までの「紅白歌合戦」の世帯視聴率は、ほとんどが70%以上であり、オバケ番組どころではない。解釈次第では、他民族から「日本人は大衆ヒステリー体質か」などと疑われてもやむを得ない、危険な社会状況に近い高視聴率と言える。

1990年ごろから社会全体が多様化を求める時代に入り、さらにはインターネットの普及に端を発するテレビのメディアとしての凋落によって、70%以上などという視聴率はもはや幻となっているが、それでもなお「紅白歌合戦」は30%以上の高視聴率を今も記録し続け得る「オバケ」であることに変わりはない。

民放で「紅白歌合戦」に対抗する裏番組になり得た数少ないコンテンツは、日本テレビが制作したコント55号の「裏番組をぶっ飛ばせ

！」（1969年〜70年）であろう [47]。

コント55号は萩本欽一・坂上二郎による二人組のお笑いコンビで、1967年に初めてテレビ番組に出演し、瞬く間に全国的な人気を得た。舞台上での激しいアクションを伴ったギャグの連続は、まさにテレビ向きのキャラクターであり、漫才のように話術で客を楽しませるものではなく、滑稽な動作と不条理な会話が、コントの魅力だった。もし彼らの登場がラジオの時代だったなら、二人が舞台でいったい何をしているのか、聴取者にはさっぱりわからなかったに違いない。

「世界は笑う！」（フジテレビ　1968年〜70年）、「裏番組をぶっとばせ！」（日本テレビ　1969年〜70年）「55号決定版！」（TBS　1969年〜75年）、「なんでそうなるの？」（日本テレビ　1973年〜76年）など、オバケになったコント55号のレギュラー番組は枚挙に暇がない。

コント55号と並んで、テレビ番組のコントで国民的人気を集めたのがザ・ドリフターズだ。本来は音楽バンドであり、所属していた渡辺プロダクションがハナ肇とクレージー・キャッツの後継として位置付けていた。やがて、ステージで音楽を演奏する時間よりも観客のウケが良かった曲間のコントのほうが長くなり、音楽バンドではなくお笑いグループとして知られるようになった。

「8時だョ！全員集合」（TBS　1969年〜85年）は、土曜20時からの生放送1時間番組で、劇場・ホールなどの公開舞台を使い、観客を客席に入れて、歓声などの反応も番組に取り入れる形式だった。番組の公開放送は東京のみならず全国各地を巡回して行われ、特に小中学生から熱狂的な支持を集めて「オバケ番組」の筆頭になった。

コント55号もザ・ドリフターズも、きわどい表現と過激なギャグが持ち味ではあったが、反社会的とされる程度かどうかには議論がある。この両者の人気番組のいずれもが、日本PTA全国協議会が選ぶ「子

---

[47] 1969年末の同番組の視聴率は4％足らずで、「紅白歌合戦」の69％とは比べ物にならない。それでも、「史上初めて紅白歌合戦が70％を切った原因」と称賛を浴びた。

供に見せたくない番組」の筆頭に、常に挙げられていたことは、放送倫理と社会心理を比較して考える上で興味深い。

　テレビが黄金時代を謳歌した1960年～1980年は、出版業界においても、多くの新しいジャンルが生まれ、大衆に幅広く支持された時代でもあった。

　その週に起きた時事の話題を、週刊誌の集中企画ページのように、事件ごとに解説する番組「ウィークエンダー」（日本テレビ　1975年～84年）は、過激な表現と下品と受け取られかねない際どいテーマ選定で、社会的な批判を浴びることが多かったものの、テレビ番組としては圧倒的な高視聴率を得ていた。

　この「ウィークエンダー」の制作手法を、編集方針にほぼ踏襲したとも思える写真週刊誌『フォーカス』（新潮社）は、この時期に創刊（1981年）されている。テレビの番組企画をそのまま出版物に移植・発展させることが可能であることを示した、と見ることも出来た。

　テレビ番組ではどうしても一過性で表面的にならざるを得ない「時事風俗の解説」を詳細に分かりやすく紙面にすることで、雑誌『anan』（マガジンハウス）『NONNO』（集英社）や『POPEYE』（マガジンハウス）が部数を伸ばしたのも、この時期である。

　『anan』『NONNO』は、女性向けのファッションやコスメチックを主なテーマとしながらも、時事解説や政治問題などを積極的に取り上げ、なおかつテレビのワイドショーなどでは散漫になりがちな解説表現を、「繰り返し読み返すことができる」出版物の特性を存分に発揮した"平易かつ手厚い記事"に仕上げる編集方針で、支持を拡大した。

　当時世界の流行をリードしていたアメリカ生活様式を、詳細な解説とビビッドな文章表現で示したのは、『anan』のコラム欄を男性向けに独立させて創刊された『POPEYE』である。最先端の流行風俗の、ともすれば自己満足に完結しがちな解説を、スノッブながら軽快な文章でキザにならない紙面に展開し、当時人気があった「アメリカ・グ

ラフィティ」[48]が冊子で表現されていた。放送とは全く異なった視野・視界を示す、次元が異なる文化ジャンルを、出版が切り拓いた局面だった[49]。

　産業経済の観点から考えると、高度成長期のテレビ放送事業運営は、他メディアと比較すると異次元ともいえる「安定経営期」にあった。
　企業コマーシャルを放送せず受信料で事業運営しているNHKは別として、テレビというメディアが持つ驚異的な社会的影響力は、そのままテレビを運営する民間放送会社の営業力となった。安易な新規参入を許さない政府の制度方針と相まって、他業種からはやっかみの声が出るほど「排他的かつ安定経営が容易な特権企業」のうまみを、民放テレビ各社はほぼ60年にわたって享受した。
　民間放送テレビが事業を開始した直後から現在に至るまで、民間放送テレビの事業運営は、番組と番組の間や番組そのものの中で放送するコマーシャルメッセージ（＝以下、CM）の対価を主な収入源としている。CMの対価とは、そのCMの長さに応じた電波の使用料金と業界内では概念づけられており、広告の発注元である広告主（＝以下、スポンサー）が広告代理店を通じて、放送局に支払う形を取っている。
　CMは、タイムCMと呼ばれる番組の放送時間に相当する電波料を1社または数社で買い切る（いわゆる「提供」）スタイルと、個々の番組内に収納されず、番組と番組の間の緩衝地帯に相当する隙間（ステーション・ブレイク＝以下、ステブレ）に流されるスポットCMという、2種類がある。CMの価格は、放送される時間帯や曜日に応じたランク分けがあり、時間当たりの単価は、それぞれの放送局によって異なる。
　スポットCM枠の売買にあたっては、放送局の営業部門が、受注し

48　1973年公開のハリウッド映画。ジョージ・ルーカス監督作品。1960年代のアメリカの若者文化をテーマとしており、世界的な大ヒットとなった。
49　現代風俗研究会『現代風俗第2号』245頁（現代風俗研究会、1978年）

た段階で埋まっていないCM枠の一覧表から、広告主の希望金額に見合った「放送予定案」を作成し、広告代理店が広告主との間に入って、「1本あたりが高価でも視聴習慣に見合った時間を多く」とか「早朝でも深夜でもどこでも良いのでとにかく多く」など、作案段階での調整を行う。

　30年ほど前からは、GRP（Gross rating point）＝「延べ視聴率」という、放送されるCM枠（1本15秒が1単位）の本数分の視聴率を合算した指標が一般的となり、例えば「何月何日から10日間で2000％」などという発注がされるようになった。この発注の場合だと、視聴率5％の番組に隣接するCM枠なら400本、1％の番組の前後ステブレなら2000本のCMが放送されることになる。どの時間帯のCM枠を充当するかにより、放送本数は変化する。GRPは放送時間帯を重視するよりも、とにかく視聴者に視認される可能性が具体的な数字として分かりやすい代わりに、"本当にCMの内容が視聴者に理解されたかどうか"については問わない考え方と言える。2016年現在、ほぼ全国全ての地区で、このようなGRPによる営業プロモーションが定着していて、民間放送テレビ広告事業の基本概念として確定している。

　タイムCMは、1時間単位で決められた「電波料」の相当額という考えに基づき、単価は放送地区や系列によって異なるが、なぜそのような値段が電波につけられたかについて、放送局や広告代理店がスポンサーに詳細を説明することは、極めて困難と言わざるを得ない。

　CM枠の売買交渉においては、放送局と広告代理店の間での交渉の余地は相当に限られている。立場上優位にあるはずのスポンサーが、電波料の価格や放送時間の設定について、放送局や広告代理店から合理的に辻褄が合う説明を受ける機会は、極めて少ない。「広告内容が到達しているであろう人口」と「購買行動に繋がるであろう可能性」を掛け合わせた「広告効果の対価＝電波料」が、普遍的かつ合理的な理由による「誰もが納得できる価格」かどうかについての議論は、日常的にはほぼ行われていない。

民放テレビの営業力がこれほど強かった理由の一つに、「情報メディアとしての圧倒的優位性」が上げられるだろう。
　1960年頃からごく最近まで、テレビは「茶の間の唯一無比の最強情報端末」の立場をほしいままにした。それは、「毎日何十万人もの人が集まるお寺の境内にごく限定的な業者だけが独占的に屋台を出す権利」に近いものがある。この「お寺の境内」以上に国民が殺到するようなエンターテインメントは、およそ半世紀もの間、ほぼ出現しなかった。テレビ放送会社は、来る日も来る日も同じ境内に似たような商品を並べた屋台を出店(似たような番組を放送)していれば良かった。
　メディアとしての位置付けで圧倒的に高位であったからこそ、民放テレビ局の営業はスポンサーとの交渉で、優位性を保てたのである。
　この優位性をもとにして、民放テレビの経営にはほぼ何の工夫の必要もなく、民放テレビ各社の収益グラフは、日本経済の浮沈に由来する僅かな上下を除いて、事業の創立からごく最近まで右肩上がりを続けた。

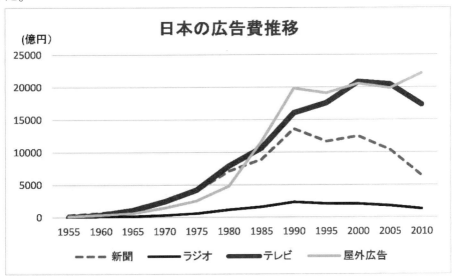

（電通総研「広告景気年表」より　筆者作成）

第1章　マスメディアの登場と放送黄金期

　一方、NHK は受信料を収入源とするシステムであり、テレビ受信機がある家庭と受信契約を結ぶ形態を取っている。
　放送法では「受信機を保有する国民は、全て契約を結ばねばならない」となっているが、NHK を視聴しているか否かには関係しない文言だったうえ、支払い義務についての記述がない[50]ため、「全く視聴していないのに支払いを強いられるのは不当」と主張する一部の人が、「NHK 受信料支払い拒否」運動を行った。
　2000 年頃から光ファイバーなどのインターネット・インフラの普及に伴い、光回線経由のケーブルテレビ受信サービスの中に、「NHK 受信料割引サービス」を付加する業者が増え、NHK の受信料徴収は安定[51]した。

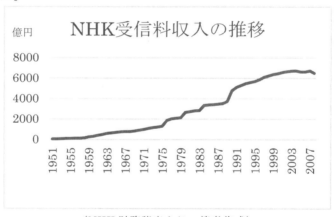

（NHK 財務諸表より　筆者作成）

　NHK 受信料は、制度が始まった当初は放送がラジオだったため、ラジオ受信機を保有する世帯に対して支払い義務が課せられていた。その後、テレビの放送が始まると、受信料はラジオとテレビ別々に設定され、1968 年にテレビのカラー放送開始とともに、ラジオの受信料は廃止された。

---

[50] 本多勝一『NHK 受信料を拒否して四〇年』187 頁（金曜日、2007 年）
[51] http://mainichi.jp/articles/20160511/k00/00m/040/150000c

NHK受信料の推移 (月額)

年 月	ラジオ	白黒テレビ	カラーテレビ	衛星放送	備 考
1953.2	50	200	—	—	テレビ試験放送開始
1954.3	67	300	—	—	テレビ本放送開始
1959.4	85	300	—	—	
1962.4	50	330	—	—	
1968.4	廃止	315	465	—	テレビカラー化に伴い、ラジオ受信料廃止
1976.6	—	420	710	—	
1980.5	—	520	840	—	
1984.4	—	680	1,040	—	
1989.8	—	680	1,040	2,000	衛星放送開始
1990.4	—	890	1,370	2,300	
1997.4	—	905	1,395	2,340	消費税値上げ
2007.1	-	-	1,395	2,340	白黒とカラーテレビ受信料統合
2008.1	-	-	1,345	2,290	口座振替一本化

(総務省統計資料より　筆者作成)

第2章　デジタルの時代

第1節　アナログで始まった録音録画

　初期のラジオ放送において使われた業務用テープレコーダーによる録音は、テープの品質の良さもさることながら、高い音質を裏付けていたのは、録音ヘッド（磁気を感知する部分）を通過するテープの速さだった。

　民生用テープレコーダーのテープ速度が19センチ毎秒だったのに対して、業務用のテープレコーダーは倍の38センチ毎秒であり、高音質の録音で音楽を楽しみたいオーディオマニアは、この規格の機器を「サンパチ」と憧憬を込めて呼んだ。当然ながら、「サンパチ」が消費するテープは民生用の倍であり、同じ時間を記録するにも費用は倍かかる。アマチュアで「サンパチ」を日常的に使用することは、金銭的な余裕が相当になければ難しく、業務用機器はさらに高価な高嶺の花だった。

　業務用の大型テープレコーダーは、リール（＝糸巻）に巻かれたテープが露出したオープンリールの「サンパチ」からスタートして、今もなお現役で使われているが、1960年台後半に著しい性能向上を遂げたコンパクトカセットが、民生用として一般に広く普及した。高音質の「ドルビーシステム」[52]が民生用機器にも搭載されるようになり、レコード音楽やラジオの放送番組などが、容易にカセットに収録できるようになった。カセットもオープンリールも、大量コピーと言う点ではアナログ・レコードに比べて割高にならざるを得ず、「商業コンテンツの大量販売に適した記録媒体」の位置づけを獲得することは出来なかった。しかし、音声情報の私的な保存手段としては、しばらくの

---

[52] 米国ドルビー社が開発した雑音除去方式。テープの走行雑音が多く含まれる高音域を録音時に強調して記録し、再生時にはその部分を圧縮する。結果、雑音の比率が少なくなる

第2章　デジタルの時代

（「カセットデンスケ Type3」1973年頃：提供　SONY）

間、世界標準となった。

　カセットでの音楽鑑賞は、大型のステレオ・セットか、ラジオを内蔵したアンプとスピーカーが一体となった「ラジカセ」が、1970年台半ば頃からしばらくの間、一般的だった。ピクニックなどの行楽や、複数人で同じ音楽を楽しむときなど、ラジカセは若者文化の中心的存在だった。

　ところが、1979年にSONYが「一人のみがヘッドフォンで聞けるカセット再生専用器」を発表し、爆発的な人気を得た。SONY創業者井深大の個人的な要求に技術陣が応えて開発し、共同創業者の盛田昭夫が「ウォークマン」と命名したこの機種は、家電量販店に予約が殺到したため、発注から入手まで数か月待つことはざらだった[53]。

　それまでは、高音質の音楽鑑賞は、きわめて高価なステレオセットによってのみ楽しむものであり、ラジカセなど信号／雑音比率が高い再生システムは、オーディオ・マニアからは軽視されていた。従って、高音質の音響を聴くのはあくまで室内の開放空間でなければならず、ヘッドフォンなどでの音楽鑑賞はあり得ないものだった。

---

[53]　山名一郎、小松哲也『よくわかる家電業界』164頁（日本実業出版社、1993年）

しかし、「ウォークマン」はその言わば"マニアの身勝手な思い込み"を、完全に議論の埒外に葬り去った。本体の大きさは英和辞典よりも小さく、片手に入る大きさのヘッドフォンは、管弦楽団のシンフォニーですらラジカセに劣らない信号大小比（＝ダイナミックレンジ）で再生できた。音質の良さもさることながら、「他人に干渉されない自分だけの音楽空間」という環境が、"歩きながら"得られる心地よさに、人々は魅了された。

　「ウォークマン」の登場は、音響エンターテインメントに対する人々の一般常識に、重大な変化をもたらした。例えば、クラシック音楽はホールでの生演奏を聴く以外には、ステレオセットと専用の再生部屋（＝リスニングルーム）を持つことのみが、良質の鑑賞方法とされていた。ところが、「ウォークマン」のような個人完結型の鑑賞スタイルも、十分に満足し得るものであることが示されたのだ。これは、全く新しいライフスタイルの提案と言えた。

　この後、音楽再生用の機器は、多かれ少なかれ、「ウォークマン」が持っていたキャラクター＝「持ち運べる」「個人の嗜好にフィットする」「軽い」「小さい」などを、必然的に求められるようになった。

　これに伴って、「ウォークマン」での音楽の鑑賞スタイルが、そのまま音響以外の情報授受の形にも踏襲されることになり、ひいてはマスメディアにおける「情報授受スタイルによるシェア変化」にも影響することになる。つまり「家族そろって情報端末を楽しむ」から「個人個人でそれぞれの情報端末を楽しむ」というライフスタイルへの変化である。これこそが、情報メディア産業の構造全体に、大きな変化をもたらすことになる。ライフスタイルの変化に加え、ICT革命によって情報源の選択肢が爆発的に増えたことが、こういった状況変化の速度を速めた。

　民生用のビデオ録画機器においても、録音機器同様に、この50年間で激しい変化があった。

　当初は家庭用のオープンリール方式の録画システムが主だったも

第 2 章　デジタルの時代

のの、音声におけるコンパクトカセットのような扱いやすさを狙った電機メーカー各社が、ビデオカセットの標準規格を争う開発競争を繰り広げ、1975 年にソニーがベータマックス方式、翌年には日本ビクターが VHS 方式のビデオカセット規格を相次いで発表した。ビデオデッキの大量生産に伴う価格の低下と相まって、ベータマックスと VHS のビデオ録画機は激しいシェア争いを演じながら日本全国に普及した。

その勢力バランスはプロ用ビデオ機器（ソニーが圧倒的優位にあった）のシェアとも微妙にリンクしながら、世界各国の一般用ビデオ機器の普及状況にも影響を及ぼした。各国による TV 方式の違い（日米は NTSC、フランス・ソ連などの SECAM、フランスを除くヨーロッパ諸国の PAL）への生産対応の差があって、海外ではベータマックスよりも VHS を採用する電機メーカーが増え、ついには SONY 自身が VHS の生産を 1988 年に開始するに至って、最終的にはベータマックスが駆逐されることとなる [54]。

テレビ放送番組の録画は、一般購入者にとっては家庭用ビデオデッキの最も重要な機能であって、タイマー録画や毎週同曜日・同時刻の繰り返し録画設定など、さまざま便利機能のあるなしが、機種別の売り上げを左右する。このため、これらの録画機能のバリエーション付加が、製造メーカーの開発競争に拍車をかけた。また、テープからテープへのダビング機能も付加された製品が数多く出された。この時代のビデオデッキやシステムそのものには商業作品へのコピー対策技術が施されていないものが一般的だったため、コンテンツ製作者や出演者などの著作権法上の権利が、違法コピーによって侵害されるケースが続出した。これは国内の社会問題から国をまたがった国際問題にまで発展し、デジタル信号による映像記録媒体とコピーを何らかの方法でガードする方式がシステム化されるまで、管轄官庁や権利団体と、監視をすり抜けようとする違法ビデオ業者らとの間で、イタチごっこ

---

[54] SONY は 2002 年 8 月末にベータマックス規格の全ての製品生産を終了した。

が続いた [55]。

　音声のコンパクトカセット・映像のビデオカセットの時代は、登場からほぼ20年後のコンパクト・ディスク（＝以下、CD）の出現で終わりを告げる。デジタル方式による、電気信号の記録システムである。

　デジタル方式とは、雑駁に言えば、コンピュータの頭脳である中央演算装置で、電気信号の変化の強弱を、対応表現するような数字に置き換えて、メモリー（＝記憶素子、データを記憶する回路）にその数字データを記録するスタイルを指す。それまでのアナログ方式では、電気強度の変化を磁気信号の強弱に置き換えていた。この際、変化の最中に紛れ込む雑音を取り除くことが難しかった。

　コンピュータでの信号処理と記録は、データが「ある」か「ない」か、つまり「1」か「0」かで決めるため、雑音が入る余地が極めて少ない。仮にデータの中に雑音が入った場合、その部分のデータは"認識できない"。音なら無音になり、画像なら"絵がなくなる"か"動きが止まる"かになる。想定されるトラブルへの技術的な対応・態度がはっきりしているため、オーディオにしろビデオにしろ、機器全体の開発設計はアナログに比べてシンプルだった。

　マスメディアの世界でいちばんはじめにデジタル化が始まったのがレコードの世界である。音楽CDが一般市場にあらわれた1982年当初は、ごく単純に「無雑音高音質の音声情報保存メディア」とユーザーから認識されていた。つまりは極めて高品質ではあるが「性格と機能はアナログレコードと同じ」位置づけだった。音楽産業側から見ても、市場で販売される音声コンテンツの大量生産用の記録メディアが、アナログレコードからCDに入れ替わるだけに過ぎない。

　しかし、情報の固定技術というカテゴリーで考えると、CDの最も重要な点は、メディアに記録される音声情報が「1と0の組み合わせ＝デジタルデータ」だったところにある。記録された情報は何度コピ

---

[55] アナログ方式のビデオでも、複製対応技術があり、アメリカでは機器への搭載が法律で義務付けられた。

ーを経ても劣化せず、したがって転送・再生する場合にでも、ノイズが入る余地がない。音楽などの音声信号では、まさに「演奏者が目前にいる」臨場感が無限に複製でき、映像においても、何ら劣化しない映像処理と記録と複製が可能になった。

　その後、記録されている音声・映像の波形データを圧縮する規格が次々と開発され、やがて音声情報も映像情報も、コンピュータデータの保存形式をとって多様な媒体に記録される時代が、2000年ごろを境に始まった。

　カセットデッキやVHSビデオは、これらデジタル音源・デジタル動画の流通・保存システムの普及とともに、生活の場から徐々に姿を消しつつある。

第2節　「アナログ」から「デジタル」へ

　1980年代には、電気機器においてデジタル開発が次々と行われた。デジタル技術の進展により、記録媒体の大きさは小さくなり、記憶容量は大幅に増大していった。

　CDと時を同じくして、市場に現れたのが「電子辞書」である。それまで別々の書籍として発行されていた和英・英和・国語・漢和などの辞書に百科事典までが収納された手帳大の電子辞書のおかげで、受験生は辞書が入ったカバンを運ぶ労苦から解放された。

　ただし、この時点におけるCDや電子辞書は、再生専用だった。民生用録音システムとして圧倒的市場シェアを誇っていたのは依然としてコンパクトカセットであった。

　コンパクトカセットと同じ市場を奪うべく最初に登場した録・再可能デジタル音声メディアは、SONYの「ミニディスク（＝MD）」である。CD同様の光磁気ディスクを使用し、CDのほぼ4分の1サイズのカートリッジにディスクが内蔵された仕様で、74分のデジタル録音ができる録音・再生機器だった。録音に際し、SONYが独自に策定したデータ圧縮手順を取り入れていて音質に難があるため、音にこだわるマニアには不評だったものの、コンパクトカセットより遥かに小さく軽い録音媒体であり、収録した後にでも曲順を入れ替えたりキャプションなどの書き込みができたりするデジタル機器ならではの長所が人気を呼んだ。

　このミニディスクに続いて現れた記録媒体が、「光磁気ディスク＝MO」だ。MDよりも一回り大きいサイズのカートリッジにディスクを内蔵するスタイルの記憶媒体で、赤色レーザー光でディスク内の磁性体を帯磁・消磁することで、データの書き込みと消去ができる。構造上、ディスクの両面に記録ができるため、CDを超える大容量データが保存可能で、パソコン・データのバックアップ媒体として好まれた。一方、CDも録音等のデータ記録が1998年からできるようになり、

第 2 章　デジタルの時代

音楽の再生・記録媒体としては、現在でも圧倒的なシェアを誇っている。

　これらディスク型の記憶メディアに並んで、棒形のメモリーも開発が進んだ。SONY は、独自の技術により板ガムのような形の記録媒体を 1998 年に開発し、パソコンや音楽プレーヤーのメモリーとする商業展開を進めた。「メモリースティック」と名付けられたこの記憶媒体は、使用スタイルのデザイン性が優れていたものの、後々の機器開発でのサイズ感覚を基に比較すると若干大きすぎたと思われ、ほぼ完全に同じ機能、デザインで東芝・サンディスク・パナソニックが共同開発した「SD カード」に、じわじわと市場を奪われた。

　SD カードは、1999 年の発表直後からデジタル機器のメモリー標準スロットに採用するメーカーが多かったこともあって、世界規模で市場を押さえ、さらにコンパクトな「ミニ SD」シリーズも加わり、現在もなお機器収納型のデジタル記録媒体として圧倒的なシェアを得ている。

　これらデジタル電子媒体は、初期の CD を除いては、再生専用ではなく、すべてユーザーがデータの書き込みもすることができるものである。なおかつ、そこに書き込めるデータは、音声や文字情報に限らず、写真や動画も含まれる。

　この特徴を生かして、電卓に手帳機能をつけるとともに、電子辞書に含まれるような情報も併せて搭載した「ザウルス」のような PDA（情報携帯端末）が 1993 年に発売された。

　紙の辞書では、文字情報以外は写真までが限界だったが、PDA では、例えば鳥の解説をする場合、その鳥の鳴き声から飛んでいる動画までを収容することが可能である。アナログの時代には、文字情報や動画などは、それぞれの媒体を通じてのみ、伝えられるのが普通だった。これに対して、文字情報と音声、動画が 1 つの媒体にまとめて収録され、ユーザーが手元の端末を操作するだけで、それらを楽しむことができる小型機器＝PDA は、それまでになかった。

第 2 章　デジタルの時代

　これら様々な「小型情報端末」が次々と出現したこともあり、21世紀の技術発展に対する期待も込めて、１９９０年代は「マルチメディアの時代」と言われた。
　個人向けのコンピュータ「パソコン」が普及する以前、日本独特の事務用品として一般化したデジタル機器に、「ワープロ」 がある。欧米では、アルファベット 27 文字と、いくつかの記号があれば、作文が可能であり、タイプライターのような機能を、独立したデジタル機器で実現する必要性は特に高まらなかった。ところが、日本語で文章を作成するためには「仮名まじりの漢字」を、何かで実現する必要があったからである。
　デジタル化が始まるまでの「アナログ時代」、文書作成は言うまでもなく全て手書きであり、達筆か否かは社会人の資質として極めて重要な要素だった。能力的・人格的に優れた人物であっても、書く文字が金釘流ならば、他人からの信頼も半減したものだ。
　1985 年ごろまでの日本では、儀礼を重んじる公信・文書の発行が必要で、なおかつ職場に能筆者が皆無の場合には、「和文タイプライター」という大仰な事務機器を使用するしか方法がなかった。「和文タイプライター」は、ひらがなや当用漢字など 2000 文字を超える鉛の活字が詰まった１メートル四方程度のボックスから、必要な文字を拡大鏡で探し出し、一文字一文字を拾い上げて、英文タイプのようにカーボン紙を介して印字するもので、使用には相当の慣熟が必要だった。鉛の活字だから、当然ながら文字のサイズもフォントの形もひとつしかない。できるのは文字間と行間の調整ぐらいで、印字の濃さすら手加減でしなければならなかった。
　日本最初のワープロ「東芝 JW-10」が発売されたのは 1978 年。現在の大型コピー複合機ぐらいのサイズがあり、価格も 630 万円と個人使用が想定された金額ではなかった [56] 。しかし、「かな漢字変換」はもちろんのこと、「熟語変換履歴学習能力」「文章横断の校閲機能」な

---

[56] 作家の小松左京氏が発売と同時に個人購入したことが話題になった。

どが既に備わっていて、現在のPCワープロソフトと遜色がない。

　その後、多数の電機メーカーが相次いで同様の機能を持った製品を出し、1985年には平均価格が「JW-10」の20分の1以下にまで下がった 。コンピュータとは異なって、「文書を作る」という単一機能だったため、プログラミングの知識などは必要なく、ワープロは事務用品として広まった。機種名も単なるアルファベットと数字の組み合わせではなく、メーカー各社が「文豪」「書院」「Rupo」など、文書作成にちなんだシリーズ名を付けた。

　「ワープロ」という事務機器が、企業だけでなく一般個人の所有が当たり前になったのは、1980年代半ばのことで、その頃には家電量販店では3万円以下のワープロ売り場が、活況を呈していた。

　ところが、このような事務関係のマルチメディア機器が吹っ飛んでしまうような展開が現れた。

　パーソナルコンピュータの登場である。

第3節　パソコン通信とインターネットの登場

　1980年ごろまで、コンピュータと言えば大学・官公庁や大企業などで使われる、小学校の教室ほどの大きさの「施設」のような設備を指し、当然ながら個人使用が想定されたものではなかった。価格も、大企業でも数年単位でリース償却しなければならないような金額で、個人が買い取れるレベルではない。

　しかしこの時期、多くの電子機器メーカーが、少しでも大型コンピュータと似た機能を持つ汎用製品を、実現しようとしていた。

　モトローラ社とインテル社が、大型コンピュータが持つ計算機能を、ごく小さな集積素子（IC）に収めた製品を、1972年頃から相次いで発表した。1980年頃は、電子マニアらがこれらのICを使って、"コンピュータのような機械"を自作していたものだ。性能も大型コンピュータとは比較にならない、手の込んだオモチャ程度に過ぎなかったが、電子回路の飛躍的な発展によって、この「小さなコンピュータ」がみるみる高性能のコンピュータに変化していく。

　1975年～85年にかけて、日本では「御三家」と呼ばれる個人向けコンピュータが、電機メーカー三社から発売された。呼称として「個人向けコンピュータ」を意味する「パソコン」が一般名詞として社会に定着し始めたのも、この時期である。「御三家」とは、NECの「PC-8800」シリーズ、富士通の「FM-8」シリーズ、シャープの「MZ」シリーズを指す[57]。

　これらは初期には電子マニア向けの、いわば「趣味の領域」の製品として扱われたが、やがて日常的に使える文書作成や表計算機能がソフトウェアで付加され、その便利さを社会が認識するようになると、爆発的に広がった。

　パソコンは、1990年代半ばには業務処理用の事務機器として大量導入する企業が増え、「複数人での共用」から「各個人への配布」へと

---

[57] 阪本和一『コンピュータ産業：ガリヴァ支配の終焉』118頁（有斐閣、1992年）

普及が進んだ。

　当初は、マイクロソフトが無料配布したシステムソフト＝MS-DOSを搭載したDOS/V機種と、Apple社が独自のシステムを搭載したMacintoshシリーズが、パソコンでの市場人気を二分[58]していたが、ソフト会社が権利料を支払わなくとも製品開発が出来たDOS/Vがシェアを伸ばし、Appleのシステムにしかなかった「マウスを使う操作スタイル」を踏襲したWindowsがマイクロソフトから発表されると、一気にAppleのシェアを奪った。

　Appleは当初「WindowsはMacintoshの模倣・盗用」だとしてマイクロソフトを相手に訴訟を起こしたが、ついに勝訴は出来ず、1997年に取り下げている[59]。

　日本ではNECのPC9801シリーズが、パソコン本体とともにモニター・キーボード・プリンタなどを統一パッケージで販売する戦略で人気を集めたため、他社も同様の統一デザイン製品群を開発して、これに追随した。

　パソコンの初期の利用方法は、現在と同じく文書や一覧表の作成が主であったが、ターミナルモード[60]と電話線を使った「パソコン通信」も人気を集めた。

　「パソコン通信」は、プロバイダがホストとなる大型コンピュータを提供し、ターミナルモードに設定したパソコンの入出力を電話回線に接続し、「ホストコンピュータにつながった端末」として操作する、データ通信の手法である。もちろん、利用するためには通信プロバイダへの加入登録と、個人のID設定が条件となる。指定の電話番号に架電するとホストコンピュータが応答し、ユーザーIDやパスワードで

---

[58] 中山茂、後藤邦夫、吉岡斉『通史日本の科学技術・第2巻』621頁（学陽書房、2011年）
[59] Apple社のMacOSは、創業者スティーブ・ジョブズが、ゼロックス研究所で見かけた「マウスで操作するコンピュータ」からヒントを得て作ったことは、訴訟の前から公表されていた。
[60] ターミナルモード＝コンピュータに通信用ソフトを設定して、ホストコンピュータの端末のように振る舞わせること。

の認証を経て、ネットワーク上での対話が始まるものだった。

　同一プロバイダ上でのユーザーからユーザーへのメッセージ送信や、ホストコンピュータ内での蓄積情報の閲覧サービスなどが利用出来たが、当時最も人気があったのは「電子掲示板＝BBS」だった。電子掲示板は、現在も「2ちゃんねる」などで知られる「テーマ別の意見交換欄の表示システム」のことで、ホストコンピュータ上でコマンドを入力すると、運用中のBBSのテーマ一覧が現れるようになっている。一覧の中から目的のテーマ番号を選択することで、IDを使って発言に参加できる。このBBSが幅広い好評を呼んだため、一念発起してパソコンを購入する人も多くいた。

　機器メーカーはこぞって、自社が運営するプロバイダへの加入を購入者に促し、これらの広告が新聞・ラジオ・テレビを問わず、大量に流された。さながら国民の多くが、パソコンユーザーになったかのような、活況を呈した時期もあった。

　1990年前後のパソコン利用者には、大きく分けてネットワーク接続しない個人使用タイプとモデムを介した通信機能を利用するタイプの2種類があった。後者は「プロバイダのIDを持っている＝メールアドレスを持っている」「複数のプロバイダに加入している」などの先行特権を謳歌していた。

　日本では富士通系の「niftyserve」やNEC系の「Biglobe」などパソコンメーカーがプロバイダの主力を争い[61]、アメリカではAOL[62]が圧倒的シェアを誇っていた。

　パソコンの利用目的で最も多かったのは「文書作成＝ワープロ」であり、次いで表計算や図面作製などと続くが、この時期にユーザーがこれらの作業に使用していた情報はあくまで機器内部に保存されているものか、メモリーなどの媒体を経由して、他のパソコンから移植さ

61　金正則『ツイッター社会進化論』8頁（朝日新聞出版、2010年）
62　インターネット接続会社＝AmericaOnLine。一時、タイム・ワーナーを買収し、世界最大のメディア企業となったが、ITバブル崩壊で2009年に独立企業となった。

第 2 章　デジタルの時代

れたものに限られていた。複数のパソコンが何等かの目的で同じ情報を共有したり、入力作業を分配したりする「ネットワーク・コンピューティング」のためには、「フレーム」と呼ばれる中央制御用の大型コンピュータが必要であり、その導入の設備投資が可能な大企業以外では、簡単には出来ないことだった[63]。ネットワークの保守には、高度な技術知識が必要で、「フレーム」も高価だったため、一般人が高度なネットワークを保有・運営することは、まず不可能だった。

　この状況を一変させるのが、「インターネット」の誕生である。

　インターネットとは、アメリカの軍事技術として始まった、コンピュータ同志のデータ転送と情報共有の技術全体を指す言葉として現在は使われている。初期の大型コンピュータ（前出の「施設」のような）によるデータ集約時代には、重要な軍事情報や機密情報が一か所に集中せざるを得なかったため、その施設が攻撃を受けて破壊されると、システム全体が機能しなくなる危険性があった。インターネットはこのリスクを避けるための軍事技術として開発が進んだ[64]。

　従来のコンピュータネットワークは、情報を集中制御する大型コンピュータ（メインフレーム）と、それに多数のコンピュータ端末がぶら下がるという図式になる。

　これに対してインターネットは、機能が独立したデータ仲介用コンピュータ（ドメイン・サーバ）がさまざまな場所にあって、それぞれ同志が網の目のように回線で接続され、いずれかのコンピュータが破壊された場合でも、ネットワーク全体のデータ共有環境は壊されずに保持継続できる、というイメージになろう。

　最初のインターネットは米軍の研究所の名前から ARPA ネットと名付けられ、アメリカ西海岸の数大学と米軍の DARPA 研究所を結ぶネットワークで、1975 年に実験が開始された。この 10 年ほど後に、東京工業大と慶応義塾大を中心に「JUNET」データ転送実験が始ま

---

[63] 小林啓倫『ビッグデータテクノロジー完全ガイド』273 頁（マイナビ出版、2014 年）
[64] 村井純『インターネット新世代』29 頁（岩波書店、2010 年）

第 2 章　デジタルの時代

り、研究機関や企業が次々に参加した。ほどなくアメリカとの回線接続が行われて、日本全体がインターネットに加わることとなった。

　日本において、インターネットが研究者の間だけでなく一般人も使えるようになったのは 1994 年ごろだが、インターネット接続を提供するプロバイダは、「ベッコアメ」「IIJ」など、ごく限られていた。また、電話回線を介したモデム[65]接続しかなかったためにデータ転送速度も遅く、肝心のウェブ上のホームページも、現在とは比べ物にならないほど少なかった。

　しかし、アメリカでは既に Yahoo! がインターネット上の面白い情報を探して利用者に提示するサービスを開始しており、この時期にパソコンでインターネット接続ができる人物は「ネット貴族」と呼ばれるほど、自由なウェブ上でのアクセス権限と独占的な情報の入手を謳歌していた。

　2000 年の法改正によって、NTT 地域会社が開放した通信回線を使って一般事業者もインターネット接続サービスを提供することが可能となり、KDDI やソフトバンク、ケーブルテレビ各社などが、通信インフラ事業に参入を開始した。これにより、一般のパソコンユーザーが、より簡単にインターネット接続ができる環境が整い、インターネット利用者は急激に増加した。

　インターネットがそれまでのコンピュータネットワークと決定的に異なっていた点は、「ある場所と別の場所」をつなぐものではなく、「ある場所とそれ以外の全ての場所」をつなぐ、という発想にあった。それは、ある情報を多数で共有し、誰もが利用できるというコンセプトにつながり、ネット上に流通する情報の多様性や汎用性を倍加させた。

　また、従来のネットワークでは簡単には出来なかった「静止画転送」「動画転送」「音声転送」などが自由に行えるコンテンツの開放性をも

---

[65] モデム＝modem。電気信号を音声に変え、電話回線に送る変換器。

第2章 デジタルの時代

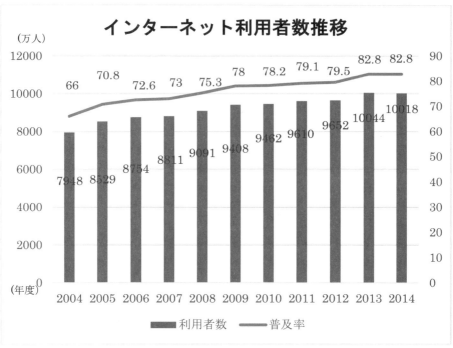

(インターネット利用者数の推移:総務省統計資料より筆者作成)

たらし、利用者らの情報摂取活動が、一気に広がった。

　これら、「インターネットの常時接続がもたらす快適なウェブ情報環境」は、十分な速度のインターネット回線と、高速度のCPU能力とメモリー容量が必要だった。少なくとも2005年ぐらいまでは、市販されているパソコンでも高級機種でなければ難しいものであり、インターネット回線も日本全国を光ファイバーでカバーできるようなサービスは無かった。

　インターネットでの情報摂取が一般家庭に広くいきわたるためには、「デジタル技術の十分な発展」が必要だったのである。

第2章　デジタルの時代

第4節　デジタルのビジネス構造へ

　前述のように、音声メディアに於ては1980年代のカセットテープ時代から1990年代にはデジタル録音媒体（CDやMDなど）の時代が続き、さらにその後にはハードディスクやフラッシュ・メモリーを使った音声録再機器が一般に広がった。

　音楽産業界では、それぞれの新技術への対応を、音源メディア製造工場の管理に定着させるための設備投資がかさみ、この間の経営を圧迫した。また、一般ユーザー側でも、対応機器の規格更新と新しい技術を反映した新製品を、その都度購入せざるを得ないことに閉口した多くの人が、この時代には不満を口にしたものだ。

　しかし、高音質で高機能を持った音声機器の充実は、従前では考えにくかった利便を社会にもたらしたことも、厳然たる事実であろう。好みの音楽を手軽に室外に持ち出して楽しめるライフスタイルの出現は、「音楽ファンは高価で希少なステレオセットの前に」という旧来の固定概念を粉砕した。音源の所有方法という点でも、場所を取るアナログレコードが自宅の音楽専用部屋の壁一面に収められているようなクラシック音楽ファンは、今や絶滅しつつある。

　すべての家電製品で、アナログからデジタルへの技術革新が進むとともに、情報メディアの中心だったテレビ放送の市場構造にも、大きな変化が起こり始める。

　まず、1984年にアナログBS放送が始まり、それまで地上放送だけだったテレビは「地上」「衛星」の2種類となった。もちろん、衛星放送を受信するためにはパラボラアンテナを購入・設置する必要があり、衛星放送の視聴環境が一般家庭にまで安直に急速に普及したわけではない。

　その後、有料テレビ放送「WOWOW」が衛星放送に加わって、"テレビ視聴は無料"という一般概念に例外が加わった。

　また、BS放送と同時にCS（通信衛星）チャンネルを使った専門チ

ャンネル放送が始まり、BS放送もCS放送もケーブルテレビ＝CATVを経由して視聴する世帯が増え始めた。これらの多くも有料放送だった。

　CATVは地上放送波で広範囲のエリアをカバーしにくいアメリカの中西部で、アメリカ国民から根強い支持がある三大ネットワーク（CBS・NBC・ABC）を広域に届けるためのシステムとして発達した。その発達の過程で、CATV独自の放送チャンネルが数多く誕生し、中でもジョージア州アトランタを本部とするCNNが巨費を投じた24時間ニュースチャンネルが米全土で人気を獲得し、それまで圧倒的なメディア価値を誇っていた三大ネットワークの米国内市場支配を、急速に破壊した。

　アメリカでは報道部門がテレビ事業収益の重要な柱で、地上波・CATVを問わず大規模投資が行なわれている。日本では、報道番組の差異が収益に反映されるほどではないため、報道専門の衛星チャンネルやCATVが現有地上波テレビネットワークを脅かす事態には至っていない。

　釣りや囲碁・将棋、スポーツ各種などのCS専門チャンネルは、主としてCATVを通じて人気を集めており、中でも日本が世界に誇る文化ともいえるアニメーションやネットゲームの生中継などでは、新旧の様々なコンテンツを配信する専門チャンネルが、幅広い世代からの人気を集めていて、一種異様な活況を呈している。

　情報メディアと流通するコンテンツをめぐる時系列の状況を全体として眺めてみると、「記録方式はアナログからデジタルへ」「既存キャリアの独占コンテンツから新規キャリアの多様なコンテンツ群へ」という流れが、この十数年で急激に進んでいることが推測できる。

　BS放送・CS放送ともに、1996年から2000年にかけて、デジタル放送へと移行し、地上波に先駆けてアナログの放送は姿を消した。

　テレビ放送がアナログからデジタルになることによる最も大きな違いは、音声情報と同様に「コピーによる情報の劣化がない」という

ことであろう。これは画像や動画作品の著作権を保護するためには、アナログ放送とはレベルが異なった別途の配慮が必要であることを意味するが、デジタル技術は複製を阻止する面でも柔軟性が高く、違法コピーを排除する複数の対応手法が提案されている。

　一方、1990年ごろから、携帯電話やモバイル通信の普及に伴う大規模な需要の発生に対応するため、通信インフラの業界から政府に対し、「安定的に利用者に到達する周波数帯をもっと多く割り当てて欲しい」という要求が高まっていた。電波は、基本的に全ての周波数帯が国民の共有財産であり、より多くの国民がより便利に利用できるよう、政府が調整することになっている。テレビ・ラジオをはじめとする放送も、電話やデータ転送などの通信も、電波が介在する部分については、政府が行う行政調整を経て、使用が認可されている。

　2004年までの地上波テレビは、VHF帯・UHF帯という最も地理的・気象的条件に強い周波数帯の電波が割り当てられていて、特にVHF帯は「プラチナバンド」と呼ばれるほど、便利で使いやすい帯域だった。政府・総務省は、地上波テレビ局がほぼ全国で占有しているこの帯域について、「放送をデジタル化する際に、全面撤去を」と要求した。デジタル波はアナログと比較すると、受信側の信号認知が容易なため、空きチャンネルが多くあるUHF帯に現況の放送事業者が移動することは可能だった。VHFの1チャンネルから12チャンネルが全国で「空きチャンネル」になれば、既存の通信手順を使ったとしても電話回線に換算して億単位の回線供給が実現できる。さらに、携帯電話をはじめとする移動通信分野では、データ圧縮など通信手順の新規技術が次々に生まれていて、より高効率の技術基準を適用すれば、数十億から数百億の回線利用が見込めた [66]。

　このような時代背景があって、日本の地上波テレビ事業者全てが、2003年12月「アナログからデジタル」へのサービス移行を開始し、

---

[66] http://www.soumu.go.jp/main_content/000066238.pdf

第 2 章　デジタルの時代

　日本のアナログ地上波テレビは 2012 年 3 月に完全終了 [67] した。
　2000 年ごろからの 15 年間で、パソコンとテレビが猛烈なデジタル進化を続けている一方、連綿とアナログ方式から離れられずにいたラジオ業界では、加速する広告費減少に対応策がひねり出せず、経営破たんする地方局が出始めている [68]。
　政府・総務省は、ラジオでもデジタル放送への移行が可能であり、デジタルに接合面を持つ新たなビジネスチャンスが生まれる事を見込んで、地上波テレビがデジタル化して空いた VHF の 1 チャンネル～3 チャンネルを、音声デジタル放送を想定した「V-Low マルチメディア放送」と銘打ち、AM・FM 局に対して 2010 年ごろから断続的に事業移行を促した [69]。
　しかし、設備投資額や業態変化の危惧などを理由に、NHK を含むラジオ放送事業者は総務省の働きかけに難色を示し、FM 東京と JFN グループだけが、総務省が意図したイメージとは若干異なった新規デジタルラジオサービスを逆提案して、2016 年に本放送に向けての準備が始められている [70]。
　この「電波から電波へ」の移行とは全く別の動きとして、「パソコンや携帯電話でラジオを聴く」という、新しいサービスの仕組みが 2010 年から始まった。電通が主体となってスタートした「radiko」(ラジコ) は、ラジオの音声信号をデジタルデータに変換し、インターネットで配信するもので、当初の実験は技術供与した朝日放送と枠組みに賛成した在阪ラジオ局のみのパソコン向けのサービスとして、近畿地区限定で行われた。

---

[67] 当初、2011 年 7 月 24 日終了予定であったが、東日本大震災の被災 3 県はデジタル移行期間が延長され、2012 年 3 月 31 日にアナログテレビは完全に終了した。
[68] 帝国データバンク　2010 年 4 月 30 日「株式会社 Kiss-FM　民事再生法の適用を申請」
http://www.tdbnews.com/bankrupt_etail.html?ID=35744
[69] 総務省「ラジオと地域情報メディアの今後に関する研究会報告」2010 年 7 月 9 日
http://www.soumu.go.jp/main__content/000073526.pdf
[70] 車載器向けの安全・安心情報などを配信する計画が発表されている。
http://www.multimedia.co.jp/content/

第 2 章　デジタルの時代

　2010 年 3 月に本格運用が始まると、無線 LAN や携帯電話などの電波障害で聴取そのものが困難だった AM ラジオの音声が、全くの無雑音で聴取できることに、パソコンユーザーらは驚愕した。ラジコによって「ラジオというメディアに初めて接触」した若者も、少なくない。サービス開始からほどなく、スマートフォン向けの専用アプリケーションがリリースされて、今やラジオは「スマホで聞く」ことが普通になりつつある。2016 年 3 月現在、ラジコのサービスに参加しているラジオ局は、AM46 局・FM34 局の合計 80 局で、民放ラジオ 102 局の 8 割がラジコを通じて聞くことができる [71]。

　また、NHK もラジコへの参加を模索した時期を経て、独自のラジオ放送 IP ストリーミングサービス「らじる★らじる」を、2011 年に開始した。初期は東京放送局のみだったが、その後、大阪・名古屋・仙台の各放送局の放送が追加され、残る地域についても対応の準備が進んでいる。また、地域のコミュニティ FM 局で、IP ストリーミングを使って同時配信しているところも、ますます増えつつある。

　ラジコのサービスが革命的だったのは、これまで無かった「パソコンやスマホでラジオを聴く」という新しいライフスタイルを提示したことにある。「新しいライフスタイルの提案」という構造がサービス・スキームに含まれているかどうかは、情報メディアと社会との関わりを分析するうえで、極めて重要な要素となる。

　ある時点でそれまで社会に存在せず「新規情報媒体」として登場する情報メディアは、多くの場合「最も新しいツール」である側面に注目が集まり、さらにそれに接するライフスタイルが新鮮でトレンディと大衆に受け取られることで、社会全体に広がってゆく。逆に、「新規情報媒体」であるにも関わらず、大衆になじまなかった情報メディアには、多くの場合「新しいライフスタイルの提案が付随」していない。

　前者の代表が、1979 年に登場したソニーの再生専用ポータブル・カセットプレイヤー「ウォークマン」や Apple の「iPod」であり、後

---

[71] 著作権処理等の関係で、一部の内容についてはラジコに流されないものもある。

者の一例は「NOTTV」[72]であろう。「ウォークマン」は出現からコピー商品が出回るまでの数年間は、「持っていること自体がおしゃれ」だったし、「iPod」には「パソコンに自分が好きな大量の音楽を保存し、そのライブラリをアウトドアに持ち出す」という、新しいライフスタイルが埋め込まれていた。

　「iPod」は、収納する音楽ファイルの編集専用ソフトウェア「iTunes」の使用が必要条件となっていて、さらにその「iTunes」にユーザーID登録と決済機能が含まれるという、利益を生むビジネスモデルまでもが包含されていた。ここには「新しいライフスタイルの提案にビジネス構造がぶら下がる」という、事業カテゴリーを運営する上で極めて重要な枠組みが出来上がっている。

　デジタルメディアと経済システムを一体化させた事業の草分けといえるだろう。

---

[72] 2012年から2015年までNTTドコモの子会社が実施した携帯電話向けマルチメディア放送。http://www.nottv.jp/

第 2 章　デジタルの時代

第 5 節　i モードの出現とブロードバンドの衝撃

　「携帯通信端末」というカテゴリーの中で、それまでの社会には全く存在しなかった、新しいライフスタイルの提案を一番最初に行なったのは、NTT ドコモが 1999 年 2 月に開始した携帯電話のインターネット接続サービス、「i モード」と考えて良いだろう。

　携帯電話そのものは、その 10 年以上前にサービスを開始していたものの、つまりは単なる「持ち運びできる電話」であったに過ぎない。また NTT 以外のキャリア各社も同様の携帯電話サービスを行っていて、サービスの内容はほぼ同等だった。

　また一方で、インターネットも 1995 年には一般的なプロバイダ接続が複数企業によって始められていたものの、圧倒的に情報源として不十分であり、「コンピュータおたくの尖った遊び」という位置づけからユニバーサルな情報ソースまでには、脱皮できていない状態だった。1995 年の時点で、自分のメールアドレスを持ち、日常的にメールを送受信できるインターネット利用環境にあった日本人は、100 万人に満たなかったと思われる [73]。

　ところが、i モードはそれまでの携帯電話が持っている機能とは、情報の表示スタイルも、それが提供する情報の量も、根本的かつ圧倒的に異なっていた。

　表示画面をブラウザ機能に切り替えてインターネット接続ができることはもちろん、テンキーで文字入力を行なえ、e メールを送ることが出来る。表示画面を端末サイズに適合させた、NTT ドコモ推奨の限定的なサイトに限られていた（通常サイトでは視認性が極端に悪かった）ものの、ホームページの閲覧機能も備えていた。

　これはどう見ても「インターネット接続した小さなパソコン」であり、当時既に携帯電子機器として製品化されていたパームスやザウル

---

[73]　総務省「情報通信白書・平成 26 年版」http://www.soumu.go.jp/johotsusintokei/whitepaper/ja/h26/pdf/

スに代表されるPDAを、はるかに超える情報摂取ライフスタイルが、機能として提供されていた。

　iモードは登場するや否やじわじわと若年層に支持を広げ、あっと言う間にティーン層の日常生活に不可欠な情報手段となった。

　iモードがインターネット接続であることを意識しないで使っている利用者も数多くいる。多少のパソコン知識があれば、これが単なる電話回線経由のインターネット接続であって、機器の表示画面がパソコンに比べて小さいだけだということに気づくはずだが、ほとんどのユーザーには必要の無い情報であろう。文化の形成に能書きはいらない。科学的知識がない人であっても、みんなが使うことが出来て便利でありさえすれば優れた工業製品なのであり、社会に早く定着する。冷蔵庫やエアコンは、圧縮／膨張される熱媒がボイル＝シャルルの法則に従うことによって、吸熱／放熱していることを認識している人など、おそらくほとんど居ない[74]。

　iモードが提供する便利さを他の携帯キャリア各社[75]もすぐに理解し、同様のサービスを直ちに始める。大規模な設備投資を必要とせず、既に各社内に保有しているハードウェアのインターネット接続サービスの技術設備をグレードアップするだけで、サービス開始に対応できた。また、基本となる技術知識はインターネット接続とホームページの設置であって、特に新たな開発競争を伴うものではない。これは利用者にも幸いなことであった。

　ごく短期間のうちに、携帯電話でのサイト接続とメール送受信を、利用者の誰もが手にすることができるようになった。eメールと言えば携帯電話で送受信するものだと認識している人が、日本には相当数存在する。

---

[74] 「ボイル＝シャルルの法則」とは「気体の圧力は体積に反比例し、温度に比例する」。つまり、「気体を圧縮すると温度が上がり、圧縮された気体を急激に膨張させると周囲の熱を奪う」法則。

[75] キャリア＝電波通信種の認可を得た携帯電話を事業運営するインフラ企業。NTTドコモ・au・ソフトバンクなど。

当初、大方の見方として、テンキーだけで日本語入力を行うのは困難であり、それほど一般には受け入れられないのでは、という疑念があった。ところが少女たちは「両手打ち」という、中高年には習得が難しい技術を編み出し、パソコンのキーボードに匹敵する速度で携帯電話に文字を入力することができるようになった。付け爪とエナメルでアリクイの前足のように見える両手から、すさまじい早さで携帯電話に文字を打ち込む女子高生の様子は、中高年者には魔術としか思えないものだった。

　彼女らが送出するeメールの数はごく短期間に指数関数的に増え、携帯電話事業会社のパケット料金収入を潤した。請求金額に驚いた父母からお小言を喰らい、メールを出す本数を制限し始めたユーザーのために、キャリア側は「パケット定額制」[76]という契約セットを捻り出し、これを契機にユーザーの携帯サイト接続はさらに飛躍的に伸びることになる。それまで画像やゲームサイトなどの使用で大量のパケットが発生することを嫌っていたユーザーが、大容量のデータ転送を気軽に行えるようになったためである。

　携帯電話を入り口として、彼ら彼女らのICT[77]世界との接触時間が大幅に増える。と同時に、テレビやラジオなど放送メディアとの接触時間が、これに比して減りだした。携帯電話がテレビ視聴と同じ次元の生活時間を侵食し始めたのである。

　放送事業を含む多くの既存メディア関係者は、この情報通信ツールが自分たちの事業運営にとって、巨大な脅威になるとは、この時点では全く認識していなかった。

　携帯電話がほぼ完全に50歳未満の全国民に行き渡り、メールアド

---

[76]「パケット定額制」2003年4月にPHS事業者DDIポケットが開始したパケット（通信データの単位）料金の定額サービス。音声通話以外のデータ通信を月額などの定額にする制度。
[77] インフォメーション・コミュニケーション・テクノロジー＝情報コミュニケーション技術。

第 2 章　デジタルの時代

レスを持たない人の方が少なくなった 2000 年 [78]以降、パソコンからのインターネット接続が電話線経由の BASIC 手順のモデムから、TA（ターミナルアダプタ）[79]を介したブロードバンドに変わり始めた。ブロードバンド接続は最初は通常電話回線を利用した DSL[80]であったが、すぐに ADSL[81]技術が出現し、通信速度が飛躍的に速まった [82]。ADSL の月契約利用料金が平均的新聞料金よりも安くなり始めると、自宅配達の新聞の契約を止めて、その費用を定額ネット回線代金に振り替える学生が増え出す。ウェブ上で主なポータル情報サービスを行うプロバイダのニュース項目を見ることで、十分に新聞と同等の情報入手が可能だと判断する若者が多いことが推測された。

　パソコンインターネットの普及は、これら回線技術の著しい発展に伴って急激に伸びる。2000 年に 20％に満たなかったパソコンによるウェブ閲覧の普及率は、わずか 4 年後に 80％に [83]迫っている。

　さらに青少年が主たる情報源をインターネットに移すきっかけとして、BBS の出現が挙げられる。前出の「2 ちゃんねる」の出現は、それまで喫茶店や繁華街にたむろしていた無目的の若者たちに、顔を合わせなくとも、また初対面であっても、旧来の友人同士のような会話が成立するメディアとして、活動の場を提供することとなった。

　パソコン通信の時代の BBS は、主にコンピュータの操作や知識を趣味とするマニアの間での会話が目的だった。一方、1999 年に始まった「2 ちゃんねる」は、時事の社会問題や芸能などのさまざまな話題について、参加者が自由に無限に「テーマ＝主題」を設定することが可能な「スレッド・フロート型掲示板」と呼ばれる形式を取っていて、

---

[78] 総務省「情報通信白書・平成 27 年版第 3 章第 7 節（2）ICT サービスの利用動向」
[79] TA＝通信専用回線によるインターネット接続サービスの個人宅用サーバ。
[80] DSL＝Digital Subscriber Line＝デジタル専用線。既存の電話線を使うデジタル信号専用回線のこと。
[81] ADSL＝Asymetric Digital Subscriber Line＝非対称デジタル専用線で信号の回線速度の上りを遅くする代わりに下りを早くしたもの。
[82] 総務省「ブロードバンド基盤の整備状況・平成 27 年 3 月末現在」
[83] 総務省「情報通信白書・平成 27 版〜インターネットの普及状況」

IDさえ登録すれば誰でも自分の意見を書き込むことが出来た。このスタイルは「ちょっとした情報を書き込めば、自分がウェブ上の人気者になれる」という可能性と「無記名・匿名のままでさまざまな議論に参加できる」という開放性を持っている。

その反面、「いわれのない誹謗・中傷が特定の団体や個人に集中する」「不確実な情報に基づいた噂だけが興味本位の議論の中で社会全体に広まってしまう」危険性も多く孕んでいる。しかし、「2ちゃんねる」が登場した直後は、多くのインターネット利用者は、「自由に自分の意見を披歴できる」「無記名・匿名で言いたい放題が楽しめる」開放性のほうを歓迎した。

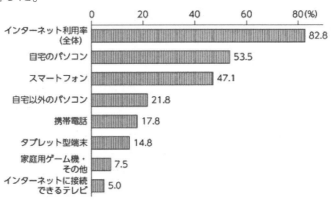

（「2014年通信利用動向調査」総務省）

BBSに加えて、ユーザーが自ら動画をアップロードして楽しむことができる「YouTube」「ニコニコ動画」などの動画サイトの出現が、インターネット上でのウェブ・ライフを爆発的に豊かにした。鑑賞する動画は国内の作品にとどまらず、ヨーロッパや南北アメリカはもちろんのこと、アフリカやアジア・オセアニアで話題になった人物の動画や映像作品がその日のうちに、感想コメントと短い紹介文と共に、大量に出回っている。この状況についてインターネットに流通する情報

量で比較すれば、ブロードバンド以前とブロードバンド以後が歴然と異なっていることが分かる[84]。ブロードバンドの出現は、もたらされた生活の変化の大きさを考えれば、まさに革命的と表現するべきものであろう。

携帯電話やブロードバンドなど、これらICT文化に浸る時間が増えた若者らは、当然ながら家族でのTV視聴などに費やす時間は無く、2000年以降テレビの総世帯視聴率は減少の一途をたどっている。2008年にNTTが通信各社に開放したインフラによって、光回線の加入料金が安価になり、一般家庭のインターネット接続状況は再び飛躍的な拡大を遂げた。2008年と2009年の光回線加入の基本料金は、関東圏のプロバイダ4社を比較すると、平均で30％近く安くなっている[85]。地上デジタル放送のサイマル（＝放送をそのまま同時再送信する）視聴を、NHKがケーブルテレビ経由（光回線を含む）でも容認し、民放各社がこれに続いたことも、この状況を後押ししている[86]。

この傾向は現在の状況を見る限り不可逆と推測でき、再び高度成長期のように「家族全員がTV受像機の前に顔をそろえる」家庭環境に日本社会が戻るとは、にわかには考えにくい。仮にあるとするならば、ICT革命に匹敵する文化的あるいは技術的な、劇的変革が必要であろう。

---

[84] 総務省「我が国の情報通信市場の実態と情報流通量の計量に関する調査研究結果（平成21年度）—情報流通インデックスの計量— 」2011年 http://www.soumu.go.jp/main_content/000124276.pdf
[85] http://e-kurashi.web5.jp/ryokin.html
[86] 総務省「情報通信白書 平成27年度版」2015年 http://www.soumu.go.jp/johotsusintokei/whitepaper/ja/h27/pdf/index.html

第3章 ICT革命と情報ライフスタイル

第1節 静的ウェブサイト、動的ウェブサイト

　インターネットが当初のARPAnetから規模を拡大し、米英日でその活用法が研究されていた1990年頃、運営に関係している技術者らの間でのインターネットの利用方法は、主に「サーバ間でのデータ転送」であって、現在多くの人がインターネットに対して持っているであろうイメージとは、若干使われ方が異なっていた。メール添付では送ることが出来ない大容量のファイルを、離れた2地点間で転送することが、もっぱらの目的だった[87]。

　1993年にイリノイ大学とNCSA（米国立コンピュータ応用研究所）が、コンピュータ上に表示される単語をクリックするとその単語にまつわる別の文書データを読み込んで、情報を重層的に表現できる文書＝ハイパーテキストのプログラミングを開発した。さらにこの文書をネットワーク上に設置すれば、より多くの人々が複雑な情報を簡単に共有できると考え、インターネット上での手順を公開し、ハイパーテキストを読むための表示プログラム「ブラウザ」を発表した。これが現在一般的に「ウェブを見る」と理解されているインターネットの閲覧手段である。

　最も初期のハイパーテキストは、動画を含む画像コンテンツを記述することは出来ず、内容は文字＝文章だけに限られた。これらは「静的ウェブコンテンツ」と呼ばれ、動画の表示や閲覧者が表示に対して何らかの内容入力が可能な領域を持つ（「文字の閲覧」以上の付加機能がある）ハイパーテキストを「動的ウェブコンテンツ」と呼ぶ。また、一般にはこういったコンテンツ全てが「ホームページ」

---

[87] 滝田誠一郎『電網創世記―インターネットにかけた男たちの軌跡』55頁（実業之日本社、2002年）

と呼ばれている[88]。

静的なウェブコンテンツでは、パソコン利用が日常的ではない年齢層に於ては、パソコンサイトよりも携帯電話（スマホ）サイトの方が接触機会が多いと思われる。スマホ用サイトは通信パケット量への配慮から、当初は大容量の動画や複雑なアプリケーション・プログラムを含むプログラムの追加を避ける傾向にあった。しかし、ここ数年の「パケット料割引」システムが行き届いたことによって、スマホが動画閲覧の最重要端末になりつつあり、動画の重要性は年々高まる一方と思われる。

現状では静的ウェブサイトは、ごく一部のサイトを除いて、テレビや映画産業などの既存の映像メディアに経営的な脅威を及ぼすほど、一般ユーザーの人気が集中しているとは思えない。

とはいえ、静的ウェブサイトはやはりインターネットサービスの基本であり、多くの企業が自社ホームページを保有している現状がある。

これに対して、動的ウェブサイトの代表ともいえるYouTubeの2005年の出現は、劇的かつ衝撃的だった。

掲示された動画コンテンツを視聴する楽しさのみならず、自らの作品を簡単かつ気軽にアップロードできるユーティリティの良さに、世界中のパソコンユーザーは魅了された。登録利用者数は指数関数的に増大し、資本金1000万円足らずでスタートしたこの会社は、サービス開始からわずか1年後に1600億円でグーグルに買収される。

自らの映像作品を簡単に世界に発信することができる自由と、それをストレスなく視聴できる動画サイトシステムの枠組みは、それまでのエンターテインメント産業には存在しなかったユーザーとコンテンツとの新しい関係性を、全世界にもたらした。

---

[88] 本来ならば、「ある情報集合サイトの最も上位のハイパーテキスト」を「ホームページ」と呼ぶべきところであろうが、現在はハイパーテキストを並べて「ホームページ」と表現していることが、慣用的に多い。

誤解を恐れずに言えば、地上波放送局のテレビ・ラジオを危機に陥れた ICT メディアの筆頭は動画サイトと言えるかも知れない。

サービス開始当初の貧弱な掲載数は、ほんの数か月で天文学的数字にまで増え、無尽蔵と言って良い数の動画コンテンツをタイトルやキーワードで横断検索できる楽しさは、全てのパソコンユーザーが持っている皮膚感覚に密着した。パソコンでインターネットを楽しむための、ほぼ全ての要素が動画サイトには詰まっている。

現在、日本に於ける動画サイトはグーグル傘下となった YouTube とドワンゴが運営するニコニコ動画が、完全に 2 強[89]となっている。これはこの 2 社のみが特別に優れた技術や設備を有しているからではなく、概ね先行者の優位性のみに由来するのではないかと推測できる。2014 年末での利用者数は YouTube が 10 億人を超えているのに対して、ニコニコ動画は 4000 万人弱と、YouTube が圧倒している。YouTube が世界規模での利用者を獲得しているのに比べて、ニコニコ動画は日本国内でのみのファンがほとんどであり、ICT 事業運営としては、拡大基盤そのものが違うと考えて差し支えない。

このような状況の中で、日本のテレビ各局は動画サイトを「番組素材の簡便な調達対象」としか扱っていないようにも見える。事業者としての放送会社が動画サイトに対する経営的な、あるいは政治的・政策的な姿勢を明確にしていない現状に於いて、こういう安易な対応を取っていては、コンテンツの独自性を追求するべきはずの自らの立場を危うくするであろう。

もちろん「動画サイトとテレビ放送は今後も共存していくことを模索する方針であり、素材の流用を推進する」と放送事業者が方針として表明しているのならば別[90]であろうが、経営陣がそのような意思表示を明確にした形跡は、2016 年現在で見当たらない。

---

[89] 石割俊一郎『YouTube ビジネス活用術』24 頁（秀和システム、2016 年）
[90] 日本テレビがアメリカの動画サイト「hulu」を 2014 年に買収したものの、事業運営の大幅拡大については、まだ途上と思われる。

第 3 章　ICT 革命と情報ライフスタイル

　むしろ「TVer」など、YouTube のような動画投稿サイトに疑似した「人気番組の見逃し時差配信サイト」を運営することで、本体の収益を補填する行動に出ている。これは、「動画サイト運営は視聴率を上げることが目的」とする経営態度に基づいていると思われる。このスタンスが、本当にテレビの視聴者数を押し上げるかどうかが、放送メディアの未来を握るカギになるだろう。

　コアなファンが動画サイトに費やす時間は TV 視聴とは比較にならないほど長い。2012 年には、30 歳代の日本人男性は、平均でテレビ視聴に 55 分、動画サイトの閲覧に 130 分以上の時間を割いている [91]。アップロードされているコンテンツの面白さだけでなく、興味があるサイトを冷やかしながら巡って回るアクティビティさえも、ユーザーにとっての楽しさとなっている。常時接続のインターネット環境を手にしたユーザーが TV 受像機よりもパソコンモニターの前に座る時間は、テレビ局側が何らかの対抗措置を講じない限り、これからも伸び続けると思われる。放送・出版などの既存メディアは、この動画サイトの存在と面白さを排除したり攻撃したりすることは、およそ不可能であるという事実を受け入れなければならないだろう。

　それよりも、動画サイトでは得られない充足感・至福感・快感はどのようなものか、またそれを自らが創作するコンテンツによって表現することは可能かどうかを論じ、それに対処する方法を組織全体で共有することを、既存メディア関係者は模索しなければならない。

---

[91]　「comScore 2013 Japan Digital Future in Focus」コムスコア社、2013 年
https://www.comscore.com/jpn/Insights/Presentations-and-Whitepapers/2013/2013-Japan-Digital-Future-in-Focus

第2節　ウェブ放送

　電波や専用ケーブルなどを経由せず、インターネット上のコンテンツとして、放送局と同様の番組送出を行っているサイトは「ウェブ放送」と呼ばれている。テレビにもラジオにも「ウェブ放送局」がある。

　ラジオのウェブ放送局は、ラジコのようなサイマルは別として、国内だけで1000局近くが独自の番組内容を流している。もちろん、事業として成立しているところはごくわずかで、コミュニティFMのような規模のところが多い。

　一方、ウェブ放送テレビ局は、日本ではNTT傘下の「ひかりTV」とKDDIの「auひかりTVサービス」、ソフトバンクが運営する「SmartTV」、それに「U-NEXT」の4社がある。

　また、「ニコニコ動画」「Ustream」などの動画サイト運営者が、テレビ同様の演出で、番組を放送しているサイトがある。これらも「ウェブ放送」の発展的な形態であり、政府首脳や政党党首らがこういった動画サイトに積極的に出演していることは、重要なメディアだと認識されている証左である。

　これ以外に、団体や個人で「放送類似行為」を行なっているところは数多くあるが、内容といい規模といい、テレビ放送と言うよりも「動画の投稿同好会」に近い。

　2016年初頭時点のほとんどのウェブテレビ放送運営プラットフォーム各社は、インターネット経由のテレビ配信サービス、インターネット接続サービス、固定電話通話サービスの3事業を、「3in1」と称した格安パッケージで販売し、CS有料放送なども包含したコンテンツ配信を主としている。従って、ウェブ放送の独自チャンネルの視聴者数を正確に捕捉することは難しい。しかし、折々に補足情報として流されるサービス受信者の数を総合すると、ウェブテレビ放送の独自コンテンツを専ら視聴している加入者は、全社合わせ

ても1000万人はいないと推測される。およそ700万人ではないか、と総務省は見ている [92]。

　Yahoo!JAPANでは、ソフトバンク総帥の孫正義氏が個人的な思い入れからBBTV（SmartTVの前身）を立ち上げ、運営に強い意欲を持っていることから、映像コンテンツ自社制作事業カテゴリーからの撤退はあり得ないと考えているらしい。同社の関係者が「孫会長から『ウェブテレビは何としても維持しろ！』とハッパをかけられて弱っている」と漏らしたことがある。

　SmartTVのオリジナルコンテンツを見たことがある人なら、映像コンテンツの専門家でなくとも「これはプロレベルに達していない」ということが、すぐに判るだろう。デジタルハイビジョン並みの画質を確保していても、これでは地上波やBSに匹敵する視聴者市場を獲得することは難しい。逆に言えば、スタジオや放送機器など保有する設備は、十分な高精細度のコンテンツ制作と安定した送出に対応した相当贅沢な環境を持っているのだから、番組の制作費をきちんと確保し、優秀な制作スタッフを集めさえすれば、すぐにでも地上波テレビやBSテレビの対抗チャンネルになり得る可能性は十分にある。

　光回線がテレビに繋がってさえいれば、視聴者＝ユーザーにとってはコンテンツが電波で来ようが通信回線を通ってこようが、受像機で見る映像に違いはない。番組の内容が地上波テレビよりも好ましければ、視聴行動はそちらの方に行くだろう。

　とはいえ、事業主体の運営姿勢に大きな変化がない限り、ウェブテレビ放送は基幹メディアとして、将来的に大きく発展する可能性は高くない。

　しかし、画像の高精細・音声の高品質、送信経路の安定性、無料放送、の3つが揃い、ウェブテレビ放送事業者が圧倒的な資本投下を行って番組内容を充実させ、既存のテレビ放送事業者と同等の無

---

[92] 筆者取材の2016年3月段階

料放送を始めた場合、地上波テレビ／BS と十分に遜色がないほどコンテンツのクオリティが高いものになったとすれば、地上波／BS テレビとウェブテレビ放送が、完全に市場競合することは避けられない[93]。

---

[93] 回線費とプロバイダへの加入料金は無料ではないので必要となる。ただし、通常の PC 利用者は現時点でこれらを既に支払っていると思われる。

第3章　ICT革命と情報ライフスタイル

第3節　ネットゲーム、オンデマンド配信

　ADSLの一般加入が増え始めた2000年頃から、パソコンのインターネット接続を利用して、オンラインで公開されているゲームを楽しむ人（＝ゲーマー）が徐々に増え、さらに高速のBB契約が安価になったことで、その数は爆発的に増加した。現在も、その加入者数は増え続けている。1990年代後半のように、ゲーマーが「秋葉原系のおたく」的扱いを受けていた時代は一部の特殊なゲームユーザーを除いて終わりつつある。

　内気な青少年だけだったゲーム愛好家は今や男女を問わず、年齢層も10代はもちろん後期高齢者にまで広がって、囲碁のオンライン対戦サイトでは男子小学生と70代の高齢男性がタイトル戦を争うというトピックスまであった。

　2016年7月には、スマホのゲームアプリ「ポケモンGO」が全世界的な人気を集めたことがニュースになった。もはや文化の一ジャンルとして、社会に定着したと言える。

　Yahoo!JAPANのゲームサイトのトラフィックは、2005年から急激に増え、この容量拡大のためデータの交差点となるIXピア[94]回線の手当が必要になって、サイトを運営するソフトバンクは、この分野に対応する大規模な設備投資と技術人員配置を行なった。

　多くのゲームサイトは基本的に利用が無料だが、ゲーム・カテゴリーに対しての尖鋭度が高いマニアックなユーザーが集まることから、関連広告への反応が極めて良好で、クリック率の高さによる広告収入が文字通りウナギ登りである[95]。

　一方で、こういったオンラインゲームの魅力に捕り憑かれたために自制心を失い、社会生活を壊してまでゲームに没頭してしまう人

---

[94] 共同運用されている大規模回線の集中地点。
[95] みずほ銀行産業調査部「コンテンツ産業の展望」　2014年　http://www.mizuhobank.co.jp/corporate/bizinfo/industry/sangyou/m1048.html

も、相当数にまで増えていることが徐々に明らかになっている。その中毒症状は、一般市民からは想像し難いほど深刻である。

こういう人々はネットユーザーらから「ネトゲ廃人」と名付けられている。決して自我が確立していない年少者や親の保護を受けている学生らだけに留まらない。会社勤めのサラリーマンや、孫がいる高齢者にまで、「中毒患者」は広がっている。彼らは時には72時間以上連続してゲームを続け、当然ながら勤めている会社や通っている学校などから怠欠をクレームされるわけで、はなはだしいケースでは失職・退学に至ることもある。

ネトゲ廃人の増加はブロードバンドの加入者数の伸びとほぼ比例していることから、高速インターネットの普及が背景にあることはほぼ間違いない。人気を集めているのは、複数の参加者が協力し合いながら、仮想の敵チームと戦う対戦型の戦闘ゲームで、ブロードバンドが日本より早く普及した韓国では、高額の賞金と名誉が与えられる世界規模の大会まで開かれた。

ネットゲーム中毒の病理については、ファミコンやゲームボーイなどといったゲーム機とはレベルが違う傾注の深さがあり、構造や輪郭についてまだまだ未知の事柄が多い。オンラインで仲間と会話しながらゲームを進める「共時性」や世界中の見知らぬ同好者と交流できる「共有性」があるなど、これまでの娯楽とは性格が大きく異なる。この独特の中毒症状については、精神医学や社会学などの見地からの分析・研究が早急に必要と思われる。

パソコンのネットゲーム以上に、2010年ごろから社会問題となっているのがスマホ上のアプリのゲームである。特に単純なファイティングゲームやRPG[96]ゲームに、付加価値があるキャラクターを景品化して、さらにその入手に課金するタイプ=「ガチャ」を搭載

---

[96] RPG＝ロール・プレイング・ゲームの頭文字。ゲームが物語形式になっていて、利用者が主人公となり、旅をしたり怪物と戦ったりしながら、ゲーム上に設定された目的「最強の敵を倒す」「隠された目的地にたどり着く」などを達成するもの。

した「ソーシャルゲーム」が深刻な青少年問題を引き起こした。

　「ガチャ」とは、駄菓子屋などの店先に多く設置されているコイン投入景品機の俗称である。

　ガチャにはカプセルに入った人形やバッジなどが外から見えるように収められていて、コイン1枚を投入しハンドルを回すとそのカプセルのいずれかが出てくる。ハンドルを回してカプセルを排出するラッチが外れるときに「ガチャ」という音がすることから、「ガチャガチャ」「ガチャ」と呼ばれるようになった。

　自分が欲しい景品を外から見ることができるのに、それが出てくるかどうかはわからない。従って、目当ての品が出てくるまで、コインを投入し続けねばならない危険をはらんでいる。

　ソーシャルゲームでも、このガチャと同様の誘導構造で、何度も有料のくじを引かねばならない局面を、ゲームの設計上で設けていることが問題視されたわけだ。

　2005年頃から人気を集め始めたソーシャルゲームでは、インターネット上のアプリケーションを動作させるという点で、端末にソフトウェアを取り込む「買い切り型のゲーム」とは異なっていた。つまり、ユーザー（利用者）がインターネットに常時接続している必要があり、さらにはゲーム事業の運営者が、ユーザーの利用状況を逐一把握できる特徴があった。

　これはゲームの運営者側にメリットが偏在したビジネス構造であり、ユーザーの動向に応じた付加価値特典を、ゲームの進行上に恣意的に配置し、それを有料にすることで、容易に利益を上げることが出来た。

　自制心に乏しい青少年や若年者をゲームに誘導して、このような射幸心を煽るビジネスを運営することについて、社会から非難が巻き起こり、特に高額な付加価値キャラクター「コンプガチャ」を配置するようなゲームが問題とされた。中には、親のクレジットカードを使って何十万円もの「ガチャ」を購入した小学生も現れた。

2012年、ソーシャルゲームを運営するNHN Japan（後にNHN PlayArtとLINEに分割）、グリー、サイバーエージェント、DeNA、ドワンゴ、ミクシィの6社は、業界団体「ソーシャルゲーム協会」を発足させ、過度に射幸心を煽るようなゲーム設定や運営については、自粛する姿勢を見せているものの、その後もこういった高額なゲーム付加価値商品への消費は、年々増加しつつある。

ゲームの運営会社がユーザーの動向を自由に操作できるという構造的な問題があるにも関わらず、第三者や公的機関がそれらを規制することが難しいという点が、問題点として残っている。

スマホ上でのソーシャルゲームは、産業として著しい伸びを見せており、青少年の他メディア離れを加速させつつある。また、多くのICT活動との親和性の高さから、さらなる拡張の可能性も秘めている。

実際、2016年にサービスが開始された任天堂の「ポケモンGO」では、まず配信が始まったアメリカで「大人数のユーザーがスマホの画面に気を取られて行動する」という異常現象をアメリカ全土で引き起こし、続いて配信された日本でも、連日テレビや新聞のニュース項目として取り上げられるほど、利用者が爆発的に集まった。中には、ゲームの内容に熱中するあまり、重要文化財の立ち入り禁止区域に侵入しようとしたり、バイクを運転中にスマホを操作したりする不心得者まで現れた。

利用状況についても、その運営環境についても、いずれは何らかの規制がなされるのではと思われるが、「ポケモンGO」リリース当初の無法状態のままでは、世界中にさらなる混乱をますます招くことになるであろう。

ソーシャルゲームは、経済的にもメディアとしても、まだまだ初期段階ではあるが、これまでの人類社会が経験したことがない精神的・社会的な活動平面を提供しており、可能性は極めて大きい。と同時に、十分な制御枠を設定しなければ、運営面でも文化面でも、

第3章　ICT革命と情報ライフスタイル

社会に対する危険な要素を数多く内包していると見るべきであろう。

一方で、ネットゲームはICT産業全体から見れば、ブロードバンドの定着を早めた点で実に効果的なツールだった。

音声・画像を快適に楽しむためには、当然ながら速い回線速度が必要で、ゲーマーらがブロードバンドの導入を促進したことは間違いない。その反面、既存の娯楽産業全体は巨大な打撃を受けたと言える。「興味ある楽しい余暇の過ごし方があまり見つからない」「特に時間つぶしの方法を持っていない」という類の人々が、日本社会にこれほど数多くいるとは、行政や一般企業に認識されていなかったと思われる。

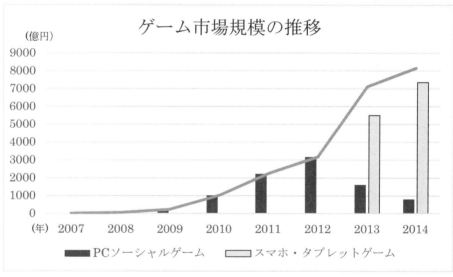

（「スマホゲームの動向　2016」三菱総合研究所調査より筆者作成）

これまでの彼らは、特にすることがなく持て余す時間が生まれると、繁華街を散策するか、本屋で新刊棚の背表紙をひやかすか、公園で物思いに耽るかが、おそらくは主な暇つぶしであったろう。ところが、オンラインゲームは正にそういった彼らの感覚の隙間に、全く違和感無くぴったりと入り込んだのである。テレビもラジオも新聞も、雑誌も単行本などの出版業界も、"他にすることがない"と

いう消極的な理由からそれらの情報媒体にやむなく接触していた類の人々を、最大限レベルで失った。

　それはどうやら多少のダメージと言うには大きすぎたようで、他のマスメディアがこの分野そのものの制御に関わることも、アクティビティに対抗することも、現状の産業構造から考えると不可能に近い。しかし、"多くの国民が病理症状に侵される精神活動プラットフォーム"が日本社会の中に存在することに対して、「行きすぎた不健全を是正する何らかの対応が必要」と警鐘を鳴らし続けることは、全ての言論機関の責務であろう。

　2009年春、「テレビに光を挿すんだよ」というキーワードで、光ファイバーのインフラサービス各社がさかんに「オンデマンド・ビデオコンテンツ・サービス」のCMを流した時期があった[97]。

　当時は、地上波テレビのデジタル化が2011年に完全移行する直前で、いかにも光ファイバーに接続していなければ地上デジタル放送が視聴できないかのようなイメージを漂わせながら（そうとは断言していないことがミソだが）、デジタルテレビ受像機と光ファイバー回線を結線するようユーザーに促そうという、回線インフラ・受像機メーカー各社の狙いがあったと思われる。

　この際同時に、デジタル受像機メーカーは、デジタルテレビのリモコンに「レンタルビデオ・ダウンロード」「オンデマンド・サービス直結」のボタンを設定していて、受像機を購入した利用者が初期段階でこれらのオンデマンド・サービスに触れることができるよう、ビジネスシステムがデザインされていた。

　これらの光回線に接続した受像機視聴者が、既存の地上波テレビ・BSテレビの視聴からオンデマンド・コンテンツの常時利用に、

---

[97] オンデマンド＝利用者が自分の好みのコンテンツを好きな時にダウンロードやストリーミングで視聴できるサービス。

一定程度流れていると思われる[98]。

　「放送」と「オンデマンド」の違いを考える上で重要なキーになるのは「共時性」「同時性」「社会的信頼性の高さ」の有無であろう。

　「オンデマンド」には、生放送のような「共時性」「同時性」はなく、コンテンツの「社会的信頼性の高さ」を保持することは特に求められていない。「金を払ってでも見たい」と利用者が考えるソフトには、概ね「無料放送で課せられる倫理制限では表示できない」過激さがあって、これこそが付加価値になっているケースが多い。

　2016年現在で利用者数が十分に営業運営に見合う程度集まっているオンデマンドのソフトとしては、圧倒的に成人向けビデオが多く、それ以外ではテーブルゲームや釣りなどの趣味関連、名画を含む映画アーカイブなどが続く程度である。

---

[98] 総務省「情報通信白書・平成27年度版」2015年 http://www.soumu.go.jp/johotsusintokei/whitepaper/ja/h27/pdf/index.html

第4節　プッシュメディアとプルメディア

　ブロードバンドによって、世界の情報とつながり、あらゆる知識を瞬時に手に入れ、自分が欲しいと思う分野の最新状況に自由につながることができるようになった若者には、もはやテレビが日常に不可欠なものではなくなった。

　彼らがICTで情報を集める行動を取る際は、「到達するべき情報の形を自ら認識している」場合が、ほとんどであろう。情報に至る経路は自分で探し、必要としている情報かどうかや信頼に足る情報源かどうかの選択は、個人の判断に従って行う。そのためには「これは怪しい危ない情報だ」とか「このサイトはフィッシングの可能性がある」などの知識＝リテラシーを持っていることが求められる。そういった場合のための、ユーザー同士が情報源の信頼性に関する基礎情報を交換するサイトがある。しかし、そのサイトで提供される情報さえ、「このユーザー情報は信頼に足る」というリテラシーが必要となる。

　何か調べたいことがあるとか余暇の情報を集めたいなどという場合、IT端末を優先的に利用すると言う人が、30歳以下の世代では圧倒的に増えた。1995年以前なら、旅行情報なら繁華街にある旅行代理店に行ってパンフレットの棚を探すのが普通だった。リサイクルで下宿の家具をそろえたければ、専門情報誌を買い揃えるのが最初のアクションだった。なかなか手に入らないCDがあれば、CDショップか音楽雑誌で探した。

　いまやこういう作業は、すべてパソコンによるウェブ検索か、ガラケーやスマホなど携帯電話向けの専用サイトで事足りる。

　「情報を入手する」ために必要な作業量や付随するさまざまな条件が、ICT革命以前と以後では飛躍的に異なっている。「買わねばならない」が「おおむね無料」になり、「探し回らねばならない」が「インターネットで簡単に見つかる」になり、あまつさえ「何だっ

たか良く思い出せない」まで「関係する単語で横断検索すれば候補が見つかる」状況すら、当たり前になった。

　これは、技術の進歩による日常作業の些細な変化と見るべきではない。生活スタイルの根本的変容という意味では、原人の「道具の利用」や「火の利用」に匹敵する、革命的進化と捉えるべきであろう。

　一方で、テレビやラジオなどの放送事業が社会に提供しているサービスは「生活情報の提供」だけではない。これまでの放送の歴史の中で、報道や生活情報は確かにテレビ・ラジオの最も重要な機能のひとつであった。が、それが放送に求められている機能のすべてというわけではない。テレビやラジオの放送番組視聴に特徴的に付随する精神開放や高級感情（同情・憐憫・克己・人間愛・創造意欲など）醸成についてはどうか。

　ICTメディアから精神開放や高級感情を得ようとするならば、ユーザーに情報収集能力とは異なった、別途の資質が必要になる。単に情報に到達するためのパソコン操作やサイトの真偽判断といった技術だけではなく、情報を受け取る際にその内容について「理解」「消化」「再構成」などの複数段階の情報処理を、ユーザー自らの能力を持って為さねばならない。つまりは、精神解放を得るための「情報編集」の作業をユーザー自身が行うことになる。文字で表すことは可能だが、実際には極めて煩わしく、事実上不可能と言わざるを得ない。これでは、精神が開放されるような状況を得ることは難しい。

　つまり、テレビ・ラジオは、放送局側の良好な（少なくとも信頼を付託されている）リテラシーをもって情報（番組）を制作し送出しているメディアであって、視聴者・聴取者はそのチャンネルを選択した時点で、基本的に情報源として信頼しており、詳細に内容の真偽可不可を吟味する必要がない、と今までは考えられてきた。すなわち、放送局側がキュレーション（＝curation）した内容を、ユ

ーザーにプッシュ＝薦めている「プッシュメディア」だ、と考えることができる。キュレーションとは、情報やコンテンツを収集・整理し、その作業によって新たな価値や意味を付与することであり、既存の情報メディアが従来から行ってきたコンテンツ創作における制作過程そのものと言ってよい。

　一方で、ICTコンテンツ情報源は、基本的にユーザー側にリテラシーの保持を要求し、利用者が積極的に情報を取り出す＝「プル」する形になっている。つまり、「プルメディア」と考えられる。情報の形や根拠はさまざまで、量も膨大であり、どれを選びどれを信頼するかは、一意的に利用者が判断し決定しなければならない。インターネットは、いわば「大量のデータプール」でしかなく、取捨選択や付加価値の評価については、利用するユーザー側に委ねられている。ユーザーは、自らの手で欲しい情報を引っ張り出している。

　この「プッシュメディア」「プルメディア」の性格の差異は、当然ながら両者をめぐるビジネスモデルの設計とも密接に関係する。一見すると、全く別のキャラクターを持ったメディアなので両者の市場は独立しているのではないか、と思われがちだが、現時点で「広告費」という同じパイをシェアしあっている状況下であり、両者の性格の差は、徐々に競争力の差として、現れ始めている[99]。

　情報メディア事業の運営者らは、これらの違いを十分に意識しながら、これからの流動的な局面に対応しなければならない。

　「プッシュメディア」「プルメディア」のキャラクターは、そのコンテンツ自体が持っている性格や提供環境だけでなく、接触する際のユーザーの心理面に於ても、大きな特徴の違いが存在する。

　特に、映像・音声媒体であるテレビの場合、視聴するユーザー側の心理環境の特殊性に注目する必要がある。

　「テレビを見よう」というモティベーションは、たまたま見たい

---

[99] 電通「2014年　日本の広告費/媒体別広告費」http://www.dentsu.co.jp/knowledge/ad¥_cost/2014/media.html

第 3 章　ICT 革命と情報ライフスタイル

と思う番組がない場合や、非常に積極的に見たい番組がある場合なども含めて、何らかの心理的な開放感を求めている場合がほとんどと言ってよい。「必要な情報を尖鋭的に入手するため」という姿勢で見ているケースは、自然災害や大事件が勃発して生中継が行われている場合を除けば、そう多くない。

　生活情報バラエティ番組やニュースは、その内容ほとんどが何らかの情報の集合であり、視聴が娯楽に供されることを想定して制作されているわけではない。しかし、そういった番組であっても、「出演しているキャスターに好感が持てる」とか「この時間にはいつもこの番組を見ているから」などの理由で、チャンネルを合わせている視聴者が、圧倒的に多いという調査結果がある [100]。つまり、何らかの情報を入手する手段としてテレビを選んでいるわけではなく、「信頼できる情報源なのでチャンネルを合わせているが、その内容については楽しんで視聴する」という心理状態にあるのではないか。

　このように開放された心理状況では、感動や憐れみといった喜怒哀楽以上の高級感情が醸成されやすいことにも、注目する必要がある。テレビや映画を見ようという心理にある人は、ある種「感動を受け入れやすい心理状態」にあると言える。

　かなりの視聴者にとって「テレビを見る時間」は「ゆったりと精神が開放される時間」に等しい、と見る事ができる。

　一方、インターネットや携帯電話をはじめとする「通信での情報摂取」のユーザー心理はどうか？

　当然ながら、パソコンや携帯電話に接触するのは「インターネットを見る」「メールを送る」など、かなりの精神集中がユーザー側に要求される作業がほとんどである。何となくぼんやりメールを送る…とか、適当にマウスを動かしてホームページを見る…などは、表現としては成立するが、実際には出来ない作業であろう。顔をモニ

---

[100] 「テレビ視聴に関するアンケート」インターワイアード社　2012 年　http://www.dims.ne.jp/timelyresearch/2012/120801/

ター画面から30cm程度にまで近づけ、アクティブに情報を探して取り入れる、というのが情報端末との接触行動であって、ここには精神集中はあっても精神開放は無い。

　ユーザーの心理が要求しているのは「正確かつ先鋭度の高い情報」であり、調達あるいは到達する相手もごく限られている。せいぜい「喜怒哀楽」を伴いながら、情報選択の作業をしているにすぎない。

　つまり、ほとんどの「通信端末ユーザー」にとって、「通信する時間」は「積極的に情報を入手したいという活動的な時間」に相当すると考えられる。精神集中が必要なことを承知の上でICTメディアに接触しているわけで、精神開放＝くつろぎを求めているわけではない。

　しかるに、彼らに精神開放が必要ないのか、というと決してそうではなく、映画や動画コンテンツを視聴している間はそれに応じた精神開放を得て、くつろいでいる。精神の先鋭度を和らげるような瞬間は欲しているのである。

　とするならば、放送メディアは視聴者が精神開放できることを主たる特徴として認識し、それをより明確にアピールするような番組編成・番組開発を行い、さらには信頼性が高いことを打ち出すことが、社会から必要とされるメディアとして生き残るためのひとつの方向だろう。

　インターネットの普及が加速し始めた2000年ごろ、ソニー元会長の出井伸之氏は、インターネットとテレビの情報接触スタイルの違いを、「アクティブ30度」「パッシブ30度」と表現した。「30度」はユーザーの背骨と座面の角度を指していて、インターネットの情報を閲覧する場合には、体をやや前に傾けて、顔をパソコン画面に近づけるような姿勢になるため、これを「アクティブ30度」と名付けた。一方、テレビを視聴する際には、体がゆったりと後ろにもたれるような姿勢でいることが多いため「パッシブ30度」となるわけだ。

第3章　ICT革命と情報ライフスタイル

　この分類を背骨の角度ではなく、ユーザーと画面との距離で「2m 情報摂取」と「30cm 情報摂取」と言い換えてはどうだろう。テレビや映画はある程度＝2m 以上の距離を取って視聴するものであり、パソコンやモバイルなどの情報端末を利用する時は、顔をモニターから 30cm 程度の位置にまで近づけているという、目と情報表示対象との距離の違いで、摂取スタイルを分類する方法である。出井氏の分類のような背骨の角度だけでは、スマホやタッチパッドのような携帯端末でウェブコンテンツに接触するという、昨今よく見るような情報接触形態が「30 度に前傾」とは判別しにくいからである。
　つまり、テレビを始めとする「放送」で醸成されている到達環境やコンテンツ群は、それらすべてを「2m 情報摂取文化」と総称し、インターネットや携帯など IT インフラを経由してユーザーに到達する環境やそのコンテンツ群は「30cm 情報摂取文化」と概括する事ができる。これらの環境やコンテンツ群は、ある特定の条件下でこそ相互に流通することが可能だが、視聴者やユーザーに到達する際の受け取る側の心理状況は、大きく異なっていると思われる。
　「2m」と「30cm」の 2 種類のコンテンツ摂取心理に対応して、「放送」と「ICT メディア」の間にも、機能的な違いがあると考えられる。とするならば、それぞれのビジネスモデルの構築も、この 2 種類のコンテンツの機能の違いに注目して、設計されるべきではないか。
　既にサービスが始まっている「オンデマンド配信テレビ」や「光テレビ」などの ICT インフラを利用した「放送類似事業」については、行政カテゴリーとしては通信の分野に含まれてはいるが、携帯電話やインターネットなどで視聴されているコンテンツとは、別途の考察が必要であろう。これらの持つ機能・意義は放送と全く同じと考えれらることから、同じビジネスシステムでの市場競争を考えるべきと思われる。
　放送事業者が平素ハンドリングしているコンテンツは 2m 文化に

属するものであり、コンテンツをデータプールに保存してオン・デマンドに対応する事業は、現状で運営されている業務フローの中では、「放送外収入」などと分類され、経営上の主軸であるCM収入を補完する、二次的なものと扱われている。

放送事業では、コンテンツ＝番組のファーストランで、コストの回収と利益の確保を目指している。放送後にDVD作品として、一般販売する場合や別の放送事業者に番組販売する場合などは、「放送外収入」のひとつにあたる。

他方、放送の総世帯視聴率が浸食されている原因は、ほとんどが30cm文化に属するプルメディアコンテンツでの時間消費であって、放送コンテンツとは機能上あるいは付加価値に於いての市場競合など無いようにも見える。

ところが、実際には圧倒的に2m文化コンテンツのリーチ＝広告到達率が勝っているにも拘らず、フリーケンシー＝接触頻度がより高い30cm文化コンテンツの方に対する広告市場からのニーズは高い。実際、テレビの総広告費が2000年の1兆7500億円をピークに減り続け、2015年には1兆5000億円余りまで減少しているのに対して、インターネット関連に投下される広告費は2006年の1200億円以降増加し続けており、2015年には5000億円を突破した[101]。これは、現時点での広告市場のニーズが「接触頻度優先」「パッケージ単価の低さ」「接触確認の確かさ」などを、単純な到達率よりも重要視し始めていることに由来すると考えられる。経済産業省の調査では、「屋外広告＝プロモーションメディア広告」が大幅に伸びているが、電通などの調査によれば、「デジタルサイネージ」（＝大型モニターを駅やコンコースなどに設置し、遠隔制御で表示内容を変化させることができる広告）や「ユーザー選択型広告」[102]など、ICTと対応機

---

[101] 「特定サービス産業動態統計調査」経済産業省　2016年　http://www.meti.go.jp/statistics/tyo/tokusabido/result-2.html
[102] ICカードなどで近くを通行する人を認識し、その人の関心が高いと思われる内容を表示するデジタルサイネージ

器の発達によって可能になった新しい形の広告が、人気を集めていることが分かる。「繁華街の看板や交通広告」などの既存広告にICT技術を連動させた広告費は、統計上の位置づけや項目建てがまだ曖昧で、グラフの中では具体的な数字は読み取れない。特に鉄道の線路わきや、繁華街のビル屋上の大看板など広告の一分野として大きなシェアを占めていた屋外広告は、テレビが隆盛を誇っていた時代でも、テレビ・ラジオに負けない広告費を集めていた。しかし今後は、デジタルサイネージだけでなく、これら屋外広告にもICT技術を連動させた新しい広告手法が加わるはずで、経済産業省や広告調査会社の広告費動向の統計の中に、新たなカテゴリー項目として現れてくるであろう [103]。

こういった勢力図は今後、デジタル放送の放送確認方法の進化に伴って相当変化する可能性があって、将来ある程度放送に選択型広告の出稿バランスが傾くこともあり得るだろう。しかし、リーチとフリーケンシーだけを指標にして考察する限り、圧倒的にユーザーとの接触回数に優れたICTメディアが、ここしばらくは広告市場でシェアを伸ばし続けることは間違いない [104]。

他方、ラジオは2016年時点で、収入源である広告費を、無残なまでにICT産業に蚕食されているように見える。これはラジオのリーチが下がって、スポットCMへの出稿が減少したことに由来するが、ラジオの真の媒体価値は単純にリーチとフリーケンシーで測るべきものではない。

ラジオのメディアとしての意義は、単純に広告内容を連呼して聴取者に認識してもらうこととは全く別の、特殊な機能にこそ存在すると考えねばならない。ラジオの特徴は「目を閉じて耳を凝らす」

---

[103] 2015年統計では「既存メディア広告費合算＝2兆300億円」「ウェブ広告費＝5615億2200万円」「屋外広告費等（既存の看板や車内広告、折り込みその他にデジタルサイネージ等なども含む）＝3兆3312億3100万円」（経済産業省統計）

[104] 電通『2014年　日本の広告費』（電通、2015年）http://www.dentsu.co.jp/news/release/2015/0224-003977.html

第3章 ICT革命と情報ライフスタイル

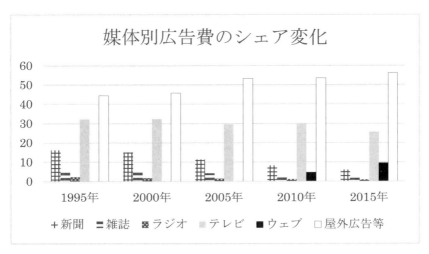

(経済産業省 「特定サービス産業動態統計調査・2015年」より筆者作成)

独特の接触スタイルの時に醸成される心理であり、番組を通じて同じ感覚を共有している他者に「思いを馳せる」という共時性につながっている。ラジオがコミュニティ形成のツールとして、優れた実績を数多く持っているのには、この特色が大きく関係している。ラジオほど、精神開放と言う目的に合致したマスメディアは他にない。画面こそ存在しないが、コンテンツとしては間違いなく 2m文化に属するものである。

音響コンテンツに於いて、こういった分類を試みるとすれば、「2mコンテンツ」はラジオ（スマホでのラジコを含む）やステレオでの音楽鑑賞であり、30cmコンテンツはウォークマンやIPodなどの「携帯音楽プレーヤー」ということになろう。

第4章　変貌するメディア環境

第1節　「茶の間」とテレビ

　一時期、人気番組として知られたTBSテレビの「さんまのからくりTV」(1992年～1996年)「さんまのSUPERからくりTV」(1996年～2014年)では、終了直前のクイズの演出として三択の回答が用意され、回答者とスタジオ参加者の選択肢によって賞品の行き先が3つ設定されていた[105]。ひとつは「回答者」、ふたつ目が「スタジオの客」。そしてみっつ目の行き先として「お茶の間！」と明石家さんまがコールする瞬間、筆者は何とも言えない違和感を覚えた。

　この違和感は何処に由来するものか？

　第1章に記したように、テレビが一般家庭に定着した1960年代半ばからおそらくは1980年ごろまで、テレビ受像機はほぼ家庭に1台、食事を摂る茶の間（あるいはリビング・ダイニング）に置かれ、家族全員で見るものだった。前述のように、昭和50年ごろまでは受像機には仏壇風の両開きの扉がついていたり、舞台の幔幕のような大仰なサテンカバーが掛けられたりしていたものだ。電機メーカーはテレビ受像機のシリーズに「王朝」だの「高雄」だの、高級感を漂わせる仰々しい名前をつけていた。この時代、多くの家庭ではテレビのスイッチを入れることは「ハレの儀式」であり、家族全員がリビングに集合する合図でもあった。

　しかし、1995年のインターネット元年ごろから、一人一人の部屋にそれぞれ1台テレビ受像機を持つ時代に入り、子供たちは自室でTVを見るようになった。核家族化も進み、居間に残るのは世帯主夫婦しかいない。夫婦の視聴番組にも違いがあるため、二人揃ってテレビを見る機会も少ない。

---

[105]　最後の三択クイズ（からくりチャンス）は、2012年に終了。

第4章　変貌するメディア環境

　つまり家族全員が顔を揃える「茶の間」は、日本から徐々に消えつつあると見て良いのではないか。

　もちろん、この傾向は核家族化が進んでいる都市部に顕著であり、大家族制度が残っている地方では、あてはまらないところもあるだろう。しかし、日本社会全体として、世帯全員でひとつの番組を視聴するという習慣は、無くなりつつあると見て差し支えないのではないか。

　さらに地上デジタル放送の開始によって、テレビ受像機が無くとも、子供たちは携帯端末でワンセグ放送を見られるようになった。画面の小ささも視力の良い彼らには障害ではない。また、若い世代では、必ずしもテレビにこだわらない。前述のようにパソコンやスマホでインターネットから様々な情報を得ているからである。これで、これまで我慢してでも両親と同じテレビをリビングで見ていた子供たちまで、自室に籠もりだした。

　昔のように、家族みんなが集まってテレビを楽しむ場としての「お茶の間」というライフスタイルが、徐々になくなってきているのではないか？日本家庭での、コミュニケーションの場としての「お茶の間」は、消失しつつあるのではないか？

　「お茶の間！」という明石家さんまのセリフは、一体どこに向けてのものなのかを、テレビの制作者は考える必要があった。2016年の今もって、それは為されていない、と思える。

　ラジオも80年前の創世期の頃は、各家庭の茶の間に家族が集まって聞く「ハレの情報機器」だった。しかし、1960年代のトランジスタ・ラジオの普及に伴い、商店や家内工業を営んでいる商工自営層を除いて、徐々に個人聴取が基本形となる。この変化に伴って、ラジオ番組の性格がターゲットの聴取スタイルの変容に対応していれば、ICTメディアとの真正面からの競合局面で、「情報入手手段」という位置付け以上のステータスを得ることが出来ていたかも知れない。

第 4 章　変貌するメディア環境

ほとんどの放送事業者は、その対応作業を放置したと思われる。

結果、AM・FM ラジオは、ICT メディアの凄まじい膨張に伴う広告市場の構造変化に対応できず、急速に営業収入が減少した。これは、事実として「ラジオを聴く人が減っている」、と考えた広告代理店関係者の、プラグマティックな反応の結果であろう。

こういった、情報メディアに対するライフスタイルの変化がダイナミックに起き始めた 1990 年代ごろから、民放ラジオ全体がどのように危機感を持って行動していたかと言うと、せいぜいインターネット・サイトを営業活動や広報活動に利用する程度に留まっていて、アクティブに業態の根本的見直し措置を取ったとは言い難い。

聴取者の受信行動を解発するような専用受信機の配布や、ICT メディアとの性格の違いがはっきり示される番組を開発し、さらに放送全体にそういうイメージを覆いかぶせるキャンペーンが本来必要であった。それは今からでも必要であろうし、今からでも奏効する可能性がある。

2010 年以降、電気店の店頭でラジオ受信機を目にすることは少なくなった。それほどラジオは、現在の日本の日常の生活の場から、必要とされなくなっているのである。

もちろん、スマホのアプリで聞くことができるラジコは、ラジオ聴取者の ICT 端末へのシフトに対する解決法のひとつであることは間違いない。ただし、地上波の放送を同時に配信することが、総務省などが容認したラジコの事業条件であり、それを前提として著作権等の権利処理が行われている。そのため、たとえラジコが事業として成立し、一方で地上波のラジオ放送がビジネスとして価値がなくなっても、AM 波・FM 波の送信を止めるのは現実的には難しい状況にある。

茶の間の消失は、まずラジオ業界にビジネスモデルの危機をもたらし、厳しい結果がその後に続いた事実がある。それはインターネットの普及グラフとラジオ業界の総収入グラフや、ICT 端末の販売

第4章　変貌するメディア環境

総数とラジオ受信機の販売総数が時期を揃えて見事に反比例していることなど、様々な角度から客観的に確認することができる。

そして、テレビ業界にも同じことが起きようとしている。

2007年の博報堂DYメディアパートナーズの調査で、20歳代の男性のパソコンの接触時間が、初めてTVの総視聴時間を上回った。「TVはもはや必要が無い」という意見の人も相当数いるが、こういう人は今までもある程度いたわけで、その数が急激に増えているかどうかは、各種の調査結果にはまだ現れていない。むしろ、「一番信頼できるメディアはテレビ」と答える人が、まだ相当数いる模様である[106]。しかし、傾向としてテレビの総世帯視聴率が減少し続けていることは間違いなく、2000年以降のその原因のひとつがICTメディアの普及・拡張にあることも確実であろう。

一方で、「見たい番組がない」「好ましい番組があれば見たい」という人々が、男女を問わず広い年齢層に於て相当数存在することにも注目しなければならない。

広く一般的に、テレビ放送の役割そのものが日本社会に於ては潰えた、と認識されているかどうかが重要である。

どうやら、そうではないらしい。

現況のテレビ番組に対する最も多い批判意見が、「一つ面白い番組ができると、全部のチャンネルで同じような企画ばかりになる」「お笑いタレントがひな壇に並んで、時間潰しに喋る番組が多すぎる」「クイズ、お笑いオーディション、芸能人のパーティばかり」といったものである。

ラジオ番組も同様で、現時点での全国の民放ラジオの編成表は、昭和50年代の深夜放送全盛期に概ね確立された「パーソナリティ番組の羅列」から、一歩も脱していない。それぞれの事業者独自の情報送出スタイルなど、ほぼ皆無と言って良い。

---

[106] 「テレビ視聴に関するアンケート」インターワイヤード株式会社　2012年　http://www.dims.ne.jp/timelyresearch/2012/120801/

社会に対する良心と誠意を番組表の隅々にまで行き渡らせ、放送全体に対する支持を拡大する施策を模索しなければ、ラジオ・テレビの信頼性は、これからもますます失われていくであろう。

第4章　変貌するメディア環境

第2節　既存メディアの「ヴァーティゴ」

　軽飛行機やヘリコプターなど、計器飛行を行えない機体のパイロットにとって、最も恐ろしいのは「自機の飛行状況が把握出来ない」状態だ。
　これらの航空機は、操縦者が自らの視野を頼りに周囲の景色の変化を読み取ることによって機体の状況を確認し、離陸から着陸までの全ての行程を制御する「有視界飛行」を行っている。このため、「視界が良好ではない空域」はまずもってルートとして選ばないし、視程が法律で定められた距離以下だった場合には、管制塔から離陸の許可すら出ない。気象などの急変で突発的に発生した大きな雲や霧にぶつかった場合でも、状況に応じて高度やルートなどに変更を加え、それらへの突入を避けながら飛行する。計器だけを使っていても必要な安全航行の情報が得られる大型機とは、全く条件が異なるわけだ。
　しかし、早朝の急低温や気団の急変などによって大量の濃霧が発生した場合など、どうしても目前の雲の中に突っ込んで行かざるを得ないことも、ごく稀に起きることがある。
　真っ白な霧の中に突っ込んだ有視界飛行の航空機は、10秒後の自分の目前に山腹が迫っているのか、それとも晴れ渡った青空が突然現れるだけなのか、知りようがない時間を過ごさねばならない。さらに言えば、機体の水平や横滑りなどについては、加速度変化のみを捕捉する貧相な計器だけで、自機の姿勢を推し量らねばならない。
　真っ白な雲の中での有視界飛行では、上昇／下降しながらゆっくりと右か左に旋回していた場合、それを正確に認識することは、ベテランの操縦士や運動感覚に優れたアスリートであっても極めて困難であり、座席に押し付けられる自分の背中や尻の感覚だけで、そのような異常を感じ取れるものではない。極論すれば、天地がさかさまで上下がひっくり返っていたとしても、旋回や旋転などの動き

が加わっていれば、それと認識することは難しい。

　こういう状態を「空間識失調＝ヴァーティゴ」と呼ぶ。

　雲の中でヴァーティゴに陥ったパイロットの中には、不運にもキリモミに陥って姿勢を取り戻すことが出来ず、ついに墜落してしまった例も、過去には数多くある。

　出版・新聞・ラジオ・テレビなど、20世紀にその影響力を謳歌した旧メディアとその運営事業者は、PCネットやスマホがそれらの利用者らの中心的な情報端末となり始めた2000年以降、業界全体の収入が減り始めたことは認識している。出版不況が叫ばれるようになってから久しいが、それを他人事のように座視していた新聞やラジオ・テレビも、じわじわとインターネット・スマホなどの新興媒体に、売り上げを蚕食されている事を自覚している。あたかも既存メディアの業界全体が下降螺旋に入ったかのようだ。

　これら既存の情報メディアの運営状態を、離れた位置から客観的に見ると、コンテンツの在り方、受け手との位置関係について、メディアの前提条件だった情報授受の状況が急激に変化してしまったために、コンテンツの作り手・送り手の意識が、時代や社会の要求から徐々に乖離しつつあることを、メディア側自身が分かっていないのではないか、と思わざるを得ない。

　つまり、既存情報メディア全体が、自らの社会の中での立場や役割について、「自身が利用者らにとって現在どのような位置にあり、どういう関係を求められているのか」「今後どういう方向にどのように進むべきか」が、分からなくなった状態にあると思われる。

　既存メディアの事業者らは、「情報メディア世界でのヴァーティゴ」に陥っているのではないだろうか。

　では、このヴァーティゴから脱するために、情報メディアはどのような現状認識と対応が必要だろうか。

　テレビ・ラジオの放送メディアより少し前に、ICTメディアの膨張のあおりを受けたのは、紙媒体であった。1990年代後半、まず雑

誌の売れ行きに翳りが出始め、それは新聞にもじわじわと広がってゆく。その時点でのインターネットの情報表示は基本的に文字がほとんどで、あらゆる団体があらゆる分野で発信を始めたホームページの文字情報は、そのまま雑誌や新聞が得意としていた「文章による情報編集」と完全にコンフリクトし、出版物そのものの存在意義が問われる事態になった。

インターネットには「未編集の生の大量の情報」が転がっている。ICTユーザーには編集された情報など必要がない。紙媒体の輪郭をすべて内包した情報摂取が、ICTメディアなら自由にかつ安価（無料！）に入手できる。この構図が出来上がった瞬間に、活字メディアは、自らの性格付けを再検討し、再構築し、社会に対して発信するべきであったと思われる。新聞を含む出版各社は、インターネットから溢れ出す情報の暴風を、呆然と眺めるしかなかった。それは初期の素早い対応のチャンスを逃すこととなり、瞬く間に対応困難な状況にまで進む。

出版不況は日本のみならずアメリカやヨーロッパでも深刻な社会問題になっている。

しかし、その一方で、やはり紙を手にして活字を読まなければ得られない、独特の満足感を求める人々も、厳然と存在し続けている。従って出版業界が、1950年代後半の電気冷蔵庫の普及で廃業を迫られた市井の製氷業者のような絶体絶命の立場にあるとは思えない。

例えば、村上春樹氏の『1Q84』が史上空前の売れ行きだったり、北朝鮮の核実験をはじめとする様々な号外が発行されると、街角での配布に多くの人々が殺到したりするなど、必要な局面があれば活字に接したいという要求は、まだ日本社会から消えていない。

問題は、出版業界の旧態然としたメディア・ブランディングや、再販売価格の拘束などのビジネスモデルにあると思われる。「パソコンモニターや携帯端末ではない紙に印刷された活字を読みたい」「実際に本として手に持ち、所有したい」心理状態を大衆の中に作れば、

『1Q84』現象を、他の作品でも起こすことが可能なはずである。200万人以上の人々が口を揃えて「村上春樹氏の著作のみしか買わない」などと、言うはずがない。

新聞社も、民放ラジオ局とほぼ同じ輪郭の呻吟を味わっているはずである。

メディアとしての社会的な立場が弱化し、本来持っている優れたキャラクターに、世論からの正当な評価が得られない。果たしている社会的責務に応じた収入があるとは言い難い。尽くすべき手立てが、ファイナンスと営業努力以外に思い浮かばない。この状態では、企業としての未来が開けるはずがない。

映像と音声、文字と写真と言う違いがあるだけで、情報サービス企業と言う意味では、放送も新聞社も、そしておそらく出版社もが、会社としての組織構造はそれほど変わらないはずである。

民間テレビ放送の営業収入は、大手スポンサーの1社提供番組が姿を消し始めた1980年ごろからGRP＝スポットCM中心になり、競合するICTメディアへの地すべりのような広告費シフトの影響をまともに受けた。スポット依存が大きい地方の民放テレビ局は、ことさら大打撃を受けた。この傾向は日本経済を覆う深刻な不況と相まって、ほとんどの民放は中期経営計画の貸借対照表で、十分な資本の留保と収入確保の見通しさえ、はっきり立っていない。いくばくかのタイム収入の目処があって地方局ほどスポット依存していない在京局ですら、次節の黒字予算を組むことに難渋するような経済環境にある。

民放がスタートして以来ほぼ60年、テレビは日本のほぼ全国民を重篤な中毒症状に陥れ、これによって勝ち得た他メディアの追随を許さない媒体価値を利用し、左団扇の営業活動を行なってきた。しかし、いまやICTメディアの爆発的な普及と膨張によって、テレビの中毒症状など持っていない（あるいは別の中毒症状にシフトした）若者が相当数出てきている。なおかつ、この傾向は不可逆と見

て良い。パソコン、インターネット、携帯電話やスマホなどを知ってしまった現代人が、それらを放り出し、情報源はテレビだけなどという生活に戻ることなど、あり得ない。

　しかし、まだかなりの割合で、起床と共にテレビを点け、在宅中はその電源を落とさず、就寝時にテレビを消す人々が存在する。それは彼らが、テレビが持つ「同時性」「共時性」「普遍性」などに、深い信頼を寄せているからであろう。生放送はその時を共有している実感があるからこそ、またニュースはそのチャンネルを信頼しているからこそ、さらに各番組はそれを見る親しい人々との共通の話題に事欠かないからこそ、彼らはテレビをプライマリ・メディア[107]と位置づけている。

　この立場を、会社間競争などというレベルで争うことなく、民放もNHKも一緒になって全放送局が分析し研鑽し死守する必要がある。ICTメディアに奪われたシェアは、ある程度のレベルまでは減り続けるだろう。しかし、TV視聴がゼロになることは無いのではないか。

　とするならば、業態改変についての、何らかの対応策が存在するはずである。

　既存メディアが技術として保有している「2m文化独特の精神開放」を利用者に提供し続けなければ、やがて社会全体が30cm文化コンテンツばかりの、殺伐とした精神世界に飲み込まれてしまうだろう。

　通勤・通学の列車内で、雑誌や単行本を読みふける人を見かけることは、本当に少なくなった。

　ほんの20年前、携帯電話がまだ通話機能しか持っていなかった頃は、電車内で携帯電話を使う人すら多くなかった。携帯音楽プレーヤーのイヤホンに聞き入る以外の人々は、雑誌か新聞か購入図書を読むしか、時間を過ごすすべはなかったであろう。

---

[107] プライマリ＝primary「最上位の」。

ところが、携帯電話がウェブ接続サービスを始めて以来、電車の車内に入るや否や、携帯電話の画面に目を落とす人が増えた。ガラケーからスマートフォンへと移行が進むにつれ、電車内で携帯電話に見入る人の割合は、ますます増えつつある。見入っている画面は、親しい人とのSNSでのやり取りであったり、ゲームだったり、動画閲覧サイトだったり、接触している情報源は様々だ。

売店で買った新聞を電車の中で読むという人は、スマホの出現以前には、かなり多くいた。

宅配されている新聞はともかく、特に夕刊紙やスポーツ紙は、電車の車内で読んで到着した駅の専用ゴミ箱に放り込むという人が、ごく普通に存在した。

また、週刊誌も新聞と同様に、通勤・通学時の電車内の読み物として人気があった。

雑誌業界全体の発行部数は、この20年間で1割以上減り、売り上げ額の推移を見ても、回復の兆しは見えない。

これまで一般的とされてきた「活字に接触する状況」が、少なくとも移動中の電車内には存在しなくなってきているように見える。

スマホ／タブレットなどのICT端末に、これまで専らとされてきた活字媒体の占有時間を奪われていることに、新聞・出版業界が全く気づいていないはずがない。

仮に、気づいていない部分があるとするならば、「どういう局面で紙／活字媒体に接触したいと読者が思うか」という、ライフスタイルの変化ではないか。その局面に対して「どう業態を対応させれば良いか」という業界全体の構造調整が、今一つ見えていないのではないか。

つまり、紙・活字メディア全体も、放送業界同様に「ヴァーティゴに陥っている」ように見える。

既存メディア全体で重要なことは、「自らの位置と姿勢を正確に把握すること」と「進むべき方向と正しい速度を制御すること」に

第4章　変貌するメディア環境

尽きる。

　ヴァーティゴを脱出する、唯一の道である。

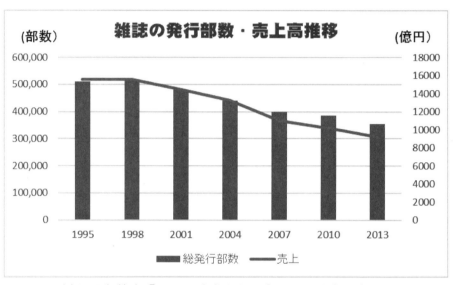

（全国出版協会『2015出版指標年報』より　筆者作成）

第3節　デジタルラジオと AM

　本書では、民間放送事業として、どうしてもテレビ放送を主に論じざるを得なかったが、先に記したように、放送が持っている全ての機能の中で社会から最も求められているキャラクターは、ラジオ放送の中に特徴として存在する。

　それは、「同時性」「共時性」をバックボーンとした「精神開放」であり、ラジオが映像を伴わないメディアであることが、さらにその性格を際立たせている。

　「目を閉じて思いを馳せる」ことは、非常に精神を豊かにする瞬間である。少々下世話な想像を伴っていても、美しい声の女性パーソナリティの、まるで耳元に口を寄せて囁いているかのような深夜放送に、心を満たされた経験があるラジオファンは、中年以上には少なくないに違いない。

　ICT メディアが爆発的に普及した際、既存のラジオ各社は不十分かつ中途半端な対応しか取れず、その後のメディアとしての立場を安定的に保持することが難しくなってしまった。1995 年から 2005 年までが、ラジオにとってはメディアとしての存続の是非を問われた 10 年間だったのではないか。出来ればこの間に、ラジオ事業者全体で、インターネットを含む ICT メディアとラジオ放送との、機能と役割の違いを明確に認識する努力をし、その差異と対応策を聴取者・ユーザーに訴えるべきであった。

　ラジオが放送に載せるべき要素は、「やすらぎ」であり「信頼」であり「ストレスで固まった精神を解きほぐす時間」であろう。パソコンや携帯電話から得られる情報群と、真正面から占有時間を戦っていては、勝負にならない。

　生活情報は、ラジオ創設以来 80 年間、ラジオコンテンツの中心であった。いまや、それらの情報は ICT メディアに譲るほかない。番組の構成要素を生活情報に依存せず、ICT メディアからは得られ

ない「情緒・感情に関わる提案」や「社会性が高い話題やテーマ」などに、内容の重点を置くべきである。

　すなわち、「ICTメディアでは届けられない」ものを、電波に載せることを目指すべきと思われる。

　デジタルラジオは、高音質・高機能が特に優れた特徴であるかのように謳われているが、これに固執して、ラジオ放送の本質を見失ってはいけない。

　高機能はあくまで「おまけ」であって、ラジオの本質は「自分の耳元にいつもいてくれる無二の親友」というキャラクターを、エリアのリスナーに提供することであろう。データ放送も、文字付与も、ホームページやインターネット上のサービスへのシームレスな繋がりも、聴取者らにとっては、付加的なサービスでしかない。

　総務省は、民放ラジオ各局が経営危機に陥っていることを憂慮しており、2010年の放送4法の改正に当たって「経営の選択肢を拡げる」ことを項目として盛り込んだ。しかし、この法改正を、放送事業の展開に柔軟に導入するには、相当なICTの知識とビジネスセンスが必要だろう。これまで「番組作り」と「聴取者対応」だけにしか、組織的にノウハウを蓄積してこなかった地方のAM放送事業者に、それができるかどうかである。

　デジタルラジオの受信機は、地上デジタルテレビのワンセグ受信回路とほとんど同じ回路設計で製造が可能である。しかし、媒体価値そのものへの懸念から、多くの電器メーカーが製造をためらい、いまだに安価な受信機が大量に出回る状況にはない。AM・FM地方局の経営が重大な危機を迎えていることも、デジタルラジオ移行への逆風になっている。

　では、AM波は何をするべきか？

　デジタルラジオの構想が現実的になったころ、在阪のあるFM局の人物がこう言ったことがある。

「デジタルラジオが FM よりも高音質ということになると、AM は廃業しかありませんな。」

彼にとっては、ラジオのクオリティとは音質であり、そのカテゴリーでランク分けすれば、最下位になる AM は淘汰されるほかない、という理屈がすべてだったのであろう。

繰り返しになるが、ラジオの本質はコンテンツと接触する際の精神開放であって、音質だけが（もちろん重要な要素であることには違いないが）その価値ではない。どんな状況にあっても、AM ラジオはリスナーの傍に居続ける、というメディアとしてのレーゾン・デットルが日本の多くの人によって確かめられたことがある。

阪神・淡路大震災と東日本大震災である。

1995 年 1 月、最も被害が大きかった阪神間の被災地で、夜明け前の暗黒の中、瓦礫の山の中を被災者らが探したのはラジオだった。無音の恐怖は、AM ラジオから流れるパーソナリティの声で消え去った。テレビのアンテナやケーブルは接続できない状態にあり、いつ戻るか目処が立たない停電のもとでは、乾電池で長時間聞くことができるラジオだけが情報源として頼りになる。電池で作動するテレビはほとんど発売されておらず、当然ほとんど売れてもいない。持っている人などごく稀だった。2011 年 3 月の東日本大震災の時も同様の状況であった。災害時に一番最初に人々に到達する情報メディアはラジオである。

AM 波は確かに音質に優れないが、音楽ではなく人の声ならば十分内容を認識するに足り、特に到達性に優れている。山や建築などの障害物を回折して電波が到達するうえ、多少のフェージング[108]さえ我慢すれば、50Kw の出力で半径 500km 近いサービスエリアに電波が届く。

さらに、究極の受信システムとして、コンデンサーとコイルとダ

---

[108] AM 波は電波状況の変動を受けやすく、放送音声の音量が大小に変化したり、音質が連続変化したりする。これを「フェージング」と呼ぶ。

イオードにクリスタル・イヤホンがあれば、電池が無くとも半永久的に放送を聞くことができる。これは総務省の「災害時サバイバルセット」に加えるよう、AM局が共同で申し入れをしても恥ずかしくないだろう。

　一つのアイディアだが、AMラジオ放送のメディア特質を生かして「24時間ニュース」の創設はどうだろうか。現時点で、日本にはラジオ放送での「24時間ニュース専門局」はまだ誕生していない。防災の観点からの聴取者ニーズも、話題性を付加価値としたスポンサーニーズも、大きくないだろうか。

　もちろん、AM波とのサイマルをラジコなどのIPマルチキャストで行い、WiFi環境での良好な聴取も確保するべきだろう。

　今後、社会から求められる防災インフラとしても、存続の危機にあるラジオ放送の生き残り策としても、可能性があるように感じられる。

　「精神開放＝くつろげる情報源」であり、「いざという時に頼りになる情報源」であるならば、人々の支持は集まるのではないか。30cm文化からのトゲトゲした情報ではないものが得られる「やすらぎの情報源」ならば、人々はそれを求めるのではないだろうか。

第5章　新たなメディアの時代へ

第1節　既存メディアの換骨奪胎へ

　今まで述べてきたように、ICT メディア以外のあらゆる既存マスコミは、組織と業態の再編を迫られている。近代経済の歴史の中で、ひとつの業態が社会の中で収益の増加を保ち続けられるのは 30 年が限界、という説がある [109]。

　ほとんどの新聞社は、第二次世界大戦後に一旦組織改編を行い、日本社会で確立した言論機関としての十分な信頼をもとに、ほぼ 30 年間、安定した経営を続けてきた。しかし、高度成長期のピークを過ぎたあたりから、専らテレビ業界の後塵を拝する位置に、売り上げ的にも媒体としても、甘んじているように見える。

　民間放送局は、開局してからの 30 年間は、番組制作・報道・イベント事業・関連企業など自らが関わる業態すべてに全体力を投入し、長く続いた好景気とあいまって空前の利益率を保持し続けた。のみならず、その実績は社会の公器たる電波を与かる企業としてそれなりに社会的評価を得た。他業種がさまざまな工夫で業態に手を加えながら存続の苦吟に耐えていた時代に、基本的な収益構造をいじることなく今まで商売を続けることが出来たのは、奇跡的幸運と思うべきかも知れない。

　しかし、1980 年代以降は、地上波テレビ・ラジオが持ち続けた媒体価値のあまりの強さにもたれかかり、「将来は電波発射会社に特化して組織をスリム化し、チャンネルの付加価値を CM の形で販売するだけの企業形態に徐々に移行したい」と考え始めていたフシがある。しかし、新たな広告媒体＝ICT メディアの爆発的膨張を目の

---

[109]　日経ビジネス
　　　http://business.nikkeibp.co.jp/article/manage/20090203/184816/　2009 年

第5章 新たなメディアの時代へ

当たりにし、放送事業がこの分野との市場競合にさらされている現在、この「電波発射業に特化」という形で生き残ることができるのであろうか？

民放テレビの広告収入は、前出のように経済産業省の統計では、2000年の1兆7500億円から、2015年には1兆5000億円に縮退している。放送広告収入だけでなく、いわゆる二次利用等も含めた収入も、総務省の統計によると、2兆6466億円から2兆2870億円へとやはり減少している。広告収入の縮退は媒体価値の減少の直接的な表れであるが、二次利用収入においても減少が見られるということは、媒体としての強さが失われていることを示していると見るのが妥当である。

民放の多くは今もなお、電波の付加価値のみを指標としたCMセールスを営業活動の中心に置いている。つまり、編成・制作部門は聴取率・視聴率を上げることに精力を注ぎ、営業部門はそれを根拠にしたセールスを続けている。

一刻も早く、この共通尺度＝視聴率、視聴率を業務展開の中心に据えた業務形態を見直すと共に、「電波発射業に特化」という方針が今や幻想になっているということを自覚して対応を模索すべきである。

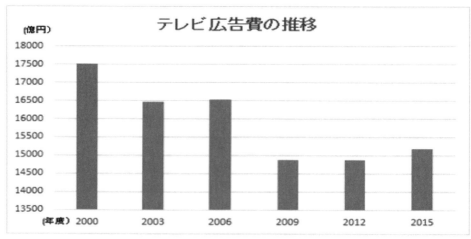

（経済産業省「特定サービス産業動態統計調査」より筆者作成）

出版・新聞など既存の活字媒体についても同様のことがいえる。出版・新聞業界も既出のとおり、ICTメディアが情報基盤同様に広告市場を広げた際、真っ先に営業的影響を被った。1988年と2015年での比較では、新聞業界の広告費が7040億円から3581億円に、出版業界の広告費は1907億円から1037億円にと、どちらもほぼ半減にまで縮退した[110]。では、どのような対応が考えられるだろうか。
　カギとなるのは、これら既存メディア全体での「同時進行の業態再編」である。

---

[110] 経済産業省「特定サービス産業動態統計調査」2016年 http://www.meti.go.jp/statistics/tyo/tokusabizi/result-2/h27.html

第2節　コンテンツハンドリング業

　既存メディア事業者が蓄積している保有情報の中で、最も汎用性が高いのは、「コンテンツのあり方と展開時の対応ノウハウ」と思われる。他業種の企業が既存メディア産業に参加しようとした場合、最も難渋するのがこれらのスキルである。
　例えば、アナログ CS テレビ放送が始まって多くの新しいチャンネルが開局した 1992 年、音楽産業でトップを走っていた CBS ソニーが衛星放送事業に進出するべく関与した CS チャンネルで、収録番組の多面的な展開や、出演者らとの権利交渉など、日常業務の不備が相次ぎ、事業そのものがとん挫したことがあった。ソニーには、良質なコンテンツの創生や音楽産業の中でのソフトウェアの取り扱いについては、相当なノウハウがあったはずだが、テレビ放送コンテンツにまつわる業務ノウハウや、担当者のスキルが不足していたのであろう。
　ICT におされて、メディア内でのシェアを落としている既存メディア側にとって必要なことは、今までバラバラに蓄積してきた各分野での「コンテンツのあり方と展開時の対応ノウハウ」を横断的に発揮できるシステムである。放送、出版や映画化・商業化を含む総合的なコンテンツ展開に対応できる業務ノウハウと運営スキルを持った集団が、これからの情報メディアと利用者との関わりの中で、ICT メディアに対抗できる軸になると思われる。良質なコンテンツを核として、それをどのように取り扱うか、どのように展開するかを専らとする事業形態である。
　いわば、「コンテンツハンドリング業」という業種になろう。
　放送局を例に取れば、「テレビ・ラジオの放送に供する番組を制作し、電波が持つ媒体価値を根拠に CM を販売し、放送後のコンテンツを DVD などの別の形で利益を上げる」業種から、「あらゆるコンテンツとそのユーザーとの接触形態に精通し、それぞれの接合面

で収益構造を作ることができる」業種に変貌するのである。
　放送法を含む関係法令の法解釈と、実際の組織設計は慎重な判断が必要だろうが、未来のことを見据えれば、組織の頂点に電波を発射する「放送事業者」がいる必要は無い。もちろん、この核となる位置に新聞社がいても、全く不自然ではない。
　国から放送免許を受けている放送事業者は、仮に放送が社業の傍流となって、組織や業務の構造に変更を加えた場合に、外部から「免許条件に反する」と指摘を受ける恐れは無いか？
　たとえば、TBSやフジテレビは、既に総務省に持ち株会社組織に移行することを申請し、電波監理審議会からの「適当」との答申を得て、その通り実行している。
　とするなら、地方の放送局が持ち株会社構造に移行して、下部の「コンテンツハンドリング会社」や「電波発射担当会社」や「ノベルティ販売会社」などを包括しても、不都合とはならないのではないか。さらにはその改編構造の中核に、母体である新聞社の改革構造が入って来たとしても、何ら不都合は生じないように思える。
　出版も新聞も、その内容＝コンテンツに著しい質や量の低下が、この間に生じたわけではない。むしろ、村上春樹氏の『1Q84』や漫画の『NARUTO』シリーズのように、史上空前の売り上げとなった作品が生まれるなど、その時々の優れたコンテンツは、過去同様の頻度で現れていると見られる。
　問題にすべきは、出版業界のコンテンツの出口の形が、旧来の「書店に並んだ新刊本」のままでは、ICT時代のライフスタイルの中では、ユーザーとの間の親和性に乏しい、という点であろう。新聞も、自社サイトへの記事配信を、無料閲覧できる記事と有料記事とを織り交ぜながら、登録読者の囲い込みを促進しようと努力しているものの、社業としての主軸を今もって「宅配の固定読者」に置いていることは明らかだ。
　スマホやパソコンやタブレットを主たる情報取り入れ口にして

いる人々には、書店の新書棚も朝夕の新聞も、ファイル化されていないテキスト情報源としか見えないわけで、保有するに値しないと判断されている可能性がある。

　ラジオ・テレビを含む放送業界と、出版・新聞の活字媒体業界は、「コンテンツハンドリング」というスキームの中で考えると、それぞれがひとつひとつ独立したコンテンツの出口になるわけで、営業活動の自由度ということを考え合わせれば、大合同した業態を作ったほうが、競争力的にもノウハウの流動性を考えても、有利になると思われる。
　欧米には、ニューズ・グループやタイム・ワーナーなど、出版、新聞、放送、映画さらにはインターネット事業までを包含したメディア・コングロマリットがすでにある。
　奔出し続ける新しい情報端末＝情報ライフスタイルとその基盤となっているICT産業は、2016年の現在もさらに経済規模の拡張を続けている。通信機能があってコンピュータとして使用可能な腕時計や眼鏡は既に発表・発売されており、自動車が"自我"を持つ時代が目前に迫ってきた。人間が朝一番に前に座るだけで、自動的に主電源を入れてユーザーに挨拶をしてくるパソコンは、もはやSFの世界ではなく現実に存在する。
　これら30cm文化を構成する機器に囲まれて、精神生活の全てをそれらに委ねるためには、良質なリテラシーの保持が利用者全員に求められる。さらにそれを保持するためには、情報源さえあれば良いというものではなく、個人として持つべき「倫理感覚」や「常識」などの、社会的な基盤がなければ難しい。こういった人間としての高い教養や高級感情を醸成するためには、30cm文化は余り役立たない。これはまさに、2m文化が負うべき役割である。
　既存メディアは、これまでこういった事柄については「言わずもがな」で事業を運営してきた。人々は注釈をつけずとも、出版・新

聞・ラジオ・テレビに全幅の信頼を置き、尖った情報とやすらぎの両方を提供してくれる媒体として、受け入れていた。

　しかし、ICT社会が到来し、尖った情報は自分で集めることが当たり前になった今、人々が既存メディアに対して求めるものの質が、違ってきたのである。

　情報収集も時間つぶしも、携帯端末で、それもしようと思えば非常に安価でできる。

　既存メディアには、そのコンテンツの内容と提供・提示の仕方にそれぞれの特徴を生かしたやり方が求められている。「良いコンテンツ」「吟味された信頼できる情報」でないならば、スマホを見た方が早くて便利なのだ。

　「このメディアを見るときには、何も考えなくて良い」
　「見るだけで十分に楽しめ、やすらげる」
　「情報が絶対に信頼できる」
　こうしたことこそが、既存メディアにしかなく、ICTコンテンツ群には存在しない特徴である。

第 5 章　新たなメディアの時代へ

第 3 節　終わりに

　おそらく 2020 年までに、眼鏡型やベルト型など、身体に直接装着するようなタイプの情報端末（ウェアラブル端末）が、多数現れるだろう。

　既にいくつか発表されている眼鏡型情報端末の中では、2012 年に開発が発表された「GoogleGlass」が最も早かった。その後の実験過程で公共の場でのプライバシー確保や、自動車運転中での法律上の問題などが俎上に上がり、2016 年夏の時点で一般販売にまでは至っていないが、そのデモ映像は SF 映画さながらの衝撃的なものだった。

　大きめのサングラス程度の眼鏡をかけた人物が、「OK、グラス...」と話しかけると、眼鏡を通して見える景色を写真やビデオに収録できる。歩いている位置の地図が半透明の眼鏡レンズの内側に映し出される。眼鏡に質問すると、ウェブ検索の結果をイヤホンで答えてくる。スマホならば、少なくともポケットかどこかから本体を取り出し、画面に向かって操作する段階が必要だが、GoogleGlass はその段階を省いて、常に動作状態で所持している情報端末を作ろうと目論んだものである。

　こういった技術は、現在「IoT」という概念の中に含まれると考えられている。「IoT」とは、Internet of Things の頭文字で、「全てのものがインターネット接続される」という意味である。テレビは放送がデジタル化されたタイミングで、インターネット接続できる受像機が当たり前となったが、「全てのもの」とは家庭内の電気製品全部の他にも、ボールペンや万年筆などの文具から、財布や楽器や買い物キャリーなど、身の回りにあるもの一切合切を含むという思想である。

　一体、どのような状態をイメージしているのか、想像がつきにくいかも知れない。

冷蔵庫や電子レンジ、エアコンや照明器具、掃除機に洗濯機、風呂釜やトイレ設備など家の中にある電化製品全てが、例えばコンセントを経由して配電盤の中にあるサーバに、ネットワーク接続されている状態を考えて頂きたい。もちろん、それぞれの電気製品はコンピュータ内蔵（現時点で全てそれに近い能力にあるが）の仕様となっている。

スーパーなどで売られている全ての商品には、マイクロチップで出荷元情報や消費期限情報などが付けられていて、冷蔵庫は「自分の中に入っている生鮮食品のリスト」を持っている。さらには、「消費期限が迫っている食品」として、その中にどういうものがあるかを認識している。

テレビのお料理番組からは、「その日紹介した料理のレシピ」がデータとして電波に乗せられ、メモリーにダウンロードされる。電子レンジがダウンロードと同時にそれを認識し、「今日のおすすめ料理」として、レシピを前面に表示する。

と、冷蔵庫の消費期限リストの中に、レシピに含まれる食材がある場合には、冷蔵庫と電子レンジが会話して「『今日のおすすめ料理』で、これとこれが使えます」と、冷蔵庫のモニターに表示が出る。「電子レンジがレシピを持っています」

テレビの天気予報では、その日の夜間の気温がデータで放送され、エアコンがそれをキャッチする。

「今夜は熱帯夜なので、除湿設定で稼働させたまま、お休み下さい。明け方に気温が下がれば、電源を切ります」

などと、エアコンからのおすすめ情報としてパソコンに表示が出る。

風呂釜がエアコンに届いた情報を拾い上げ、助言してくる。

「少しぬるめのお湯にしたほうが、今夜は疲れないようです」

スマホでメールを見ようとしていると、「ボールペンのインキがもうすぐ無くなります」と表示が出る。ボールペンが泣き言をいっ

て、スマホがそれに気づいたわけだ。

　スマホは持ち主の日常情報をほとんど知っている。

　もちろん、設定条件を指定したものに限られるだろうが、心拍数や血圧などのバイタル情報は、リアルタイムで測定されるだろうし、重要な予定や行き先などについて、随時更新するよう表示が出るはずだ。

　マイカーも、持ち主の更新された日常情報を、乗り込むたびにスマホが告げているだろう。その日の行き先や行動予定などに加え、バイタル情報の変化などについて、乗用車の車内管理のモニターに反映されるに違いない。室温や速度、行き先の特定から経路の選定まで、乗用車の人工知能(＝AI)が、スマホが持つユーザーの最新情報と合わせて、制御することになるだろう。

　これらは全て、インターネットの情報転送手順＝プロトコルという技術で対応できる。身の回りの品々すべてがインターネット接続していれば、これが可能になる。これこそがIoTという思想である。

　ところで、こういった個人にまつわる情報の乱舞は、基本的にはパソコンや端末やサーバの初期設定さえ確認しておけば、後は機器それぞれのAIが自己判断して「お勧め情報」として表示してくれる。

　このようなIoT時代の情報管理は、おそらく個人それぞれに関係する情報全てを総合的に管理する各個別の「ホームサーバ」が行い、スマホやパソコンなどは、そのサーバにぶら下がる情報端末ということになるはずである。

　現在、いわゆるウェブ情報としてパソコンやスマホなどのアプリを経由して流通している30cm文化情報は、将来的には持ち主＝ユーザーの嗜好や性癖などを学習するサーバまたは端末のAIが情報の中身を自動選択して、必要かつ適当と思われるものだけがサーバに蓄積され、持ち主が求めた時にのみ表示されるタイプの情報接触に変化する可能性がある。

しかし、これもつまるところ情報のプル活動をユーザーの好みに応じてプログラムした「30cm 文化コンテンツ」に過ぎないわけで、プログラムそのものが思想・信条を持ってユーザーに提示しているとは言えない。
　人間は感情を揺さぶられる、心を豊かにしてくれる、安らぎが感じられる、何らかのコンテンツを欲しているはずだ。
　それが小説かテレビのドラマか、ドキュメンタリーかラジオ番組か、インターネットで配信されるコンテンツかについては、その別を問わないだろう。行動するにあたっての、目的を遂げるために必要とする情報ではなく、情報に接した人々の心や人間性を豊かにしてくれるような情報である。
　IoT 時代は必ずやって来るし、いったんその便利さを知った人間が、それ以前の不便な時代に逆戻りすることは、この分野に限ってはあり得ない。原発のような著しい不都合が発生しない限り、便利さを捨てて「それがなかった時代に戻ろう」などと、社会全体が合意することは極めて稀である。
　あらゆる事物がインターネット接続して情報を共有し、その内容が目前に掲示されるような世の中になると、おそらく人類は、その情報の中のどれに反応し、どれを無視すべきかの取捨選択に、日常の多くの時間を費やさねばならなくなるだろう。
　AI の進化によって、それらの多くが「ユーザーの事前設定どおりの機器判断」になるとするなら、どのような事前設定がされるかと言うことが極めて重要になる。
　そのような未来の中で、2m 文化コンテンツの存在意義は、これまで以上に重要になってくるはずだ。事前設定のベースになる常識や、その人の好み、教養などは個別の人間関係や 2m 文化コンテンツによって涵養されるところが大だからである。
　さらに、 2m 文化コンテンツが人々の心にもたらすものは、「癒し」であり「夢や希望」であり「思いやり」であり「勇気」であり

「協調」であるだろう。AI が選択した情報が日々当たり前に人々の手元に届く時代になるならば、「情動」を感得しやすい既存メディアの存在意義は高まるのではないだろうか。

新聞やテレビやラジオが、「単なるひまつぶし」で差し支えなかった時代は過ぎた。出版物・書籍が「存在するだけ」でも意味を持ち得た時代は終わった。

既存メディアは、「信頼できる言論」「健全な感情誘導」「良質な教養」を提供してくれる、というライアビリティの高さが社会から求められている。

IoT やウェブやスマホからは得られない、心を豊かにしてくれる情報環境を目指すことが、2m 文化を担うメディアの生き残る道であり、社会が求めていることではないか。

参照文献

[1] 国内情勢研究会,『こんなにあった日本の発明!シャープ編』, ゴマブックス, 2015

[2] 三恵社編,『スポーツ経営学入門』, 三恵社, 2010

[3] 総務省情報流通行政局,『ラジオと地域情報メディアの今後に関する研究会報告』, 総務省, 2010

[4] 短歌研究社,『短歌研究・第65巻』, 短歌研究社, 2008

[5] 文教政策研究会,『日本の文化と風俗135年のうつり変わり』, 同盟出版サービス, 2001

[6] 毎日新聞社刊,『連合赤軍・"狼"たちの時代、1969-1975』, 毎日新聞社, 1999

[7] 伊達宗行,『数の日本史』, 日本経済新聞社, 2002

[8] 宇田川勝、中村青志,『マテリアル日本経営史:江戸期から現在まで』, 有斐閣, 1999

[9] 永六輔,『昭和:僕の芸能私史』, 朝日新聞社, 1999

[10] 岩本憲児,『日本映画とナショナリズム、1931-1945』, 森話社, 2004

[11] 金正則,『ツイッター社会進化論』, 朝日新聞出版, 2010

[12] 原清,『なにわ塾第21巻 我が母あればこそ どん底・映画・新聞、そして放送』, ブレーンセンター, 1986

[13] 古河三樹,『図説庶民芸能・江戸の見世物』, 雄山閣, 1982

[14] 江崎玲於奈、Tetsuji Nishikawa、原田昇左右、未来の夢をひらく会,『科学革命:日本生き残りの戦略』, ダイヤモンド社, 1983

[15] 根岸正光,『電子図書館と電子ジャーナル』, 丸善, 2004

[16] 阪本和一,『コンピュータ産業:ガリヴァ支配の終焉』, 有斐閣, 1992

参照文献

[17] 三輪賢一, 『ネットワーク機器入門』, 技術評論社, 2012

[18] 山名一郎、小松哲也, 『よくわかる家電業界』, 日本実業出版社, 1993

[19] 志賀信夫, 『テレビ番組事始・創生期のテレビ番組 25 年史』, 日本放送出版協会, 2008

[20] 小野秀雄, 『かわら版物語　江戸時代マスコミの歴史』, 雄山閣出版, 1960

[21] 小林啓倫, 『ビッグデータテクノロジー完全ガイド』, マイナビ出版, 2014

[22] 小林秀二, 『昭和の横綱』, 冬青社, 1994

[23] 庄林二三雄, 『日本の文化産業ー和魂洋才の日本的商法』, 有斐閣, 1981

[24] 新谷尚紀、岩本通弥, 『都市の暮らしの民俗学：都市とふるさと』, 吉川廣文館, 2006

[25] 神山彰, 『近代演劇の水脈』, 森話社, 2009

[26] 生明俊雄, 『日本レコード産業の生成期の牽引車＝日本蓄音機商会の特質と役割』, 広島経済大学経済研究論集第 30 巻第 1・2 号, 2007

[27] 西田長寿, 『明治時代の新聞と雑誌』, 至文堂, 1961

[28] 石岡克俊, 『著作物流通と独占禁止法』, 慶應義塾大学出版会, 2001

[29] 石割俊一郎, 『YouTube ビジネス活用術』, 秀和システム, 2016

[30] 川崎賢一, 『情報社会と現代日本文化』, 東京大学出版会, 1994

[31] 川副国基, 『近代文学の評論と作品』, 早稲田大学出版部, 1977

[32]　　川本博康，『昭和ひとけたの東京』，文芸社, 2002

[33]　　船越章，『放送の歴史と現状』，新月社, 1967

[34]　　村井純，『インターネット』，岩波書店, 1995

[35]　　村井純，『インターネット新世代』，岩波書店, 2010

[36]　　村山匡一郎，『映画史を学ぶクリティカル・ワーズ』，フィルムアート社, 2003

[37]　　滝田誠一郎，『電網創世記―インターネットにかけた男たちの軌跡』，実業之日本社, 2002

[38]　　坪井賢一，『近代日本のポピュラー音楽史』，ダイヤモンド社, 2016

[39]　　田中純一郎，『日本映画発達史：活動写真時代』，中央公論社, 1980

[40]　　田中辰雄，『モジュール化の終焉―統合への回帰』，NTT出版, 2009

[41]　　彌吉光長，『明治時代の出版と人』，日外アソシエーツ, 1982

[42]　　谷戸貞彦，『伊勢物語と業平』，大元出版, 2006

[43]　　日本民間放送連盟，『民間放送50周年史』，日本民間放送連盟, 2001

増田隆一（ますだりゅういち）

1955年生まれ。京都大学工学部卒業、朝日放送入社。報道、編成、メディア開発室インターネット事業部長などを経て2016年3月定年退職。報道時代にパリ駐在員として、ベルリンの壁崩壊や湾岸戦争などを取材。

変わりゆくマスメディア

2016年10月31日　初版第1刷発行

定価1000円（本体）＋税

著　者	増田隆一
発行者	上原伸一
発行所	あみのさん

〒143－0016
東京都大田区大森北2-12-8-606

電話　03－3768－9514

FAX　03－3768－9514

振替　0010-5-51926

表紙	キャッツデザイン
印刷所	株式会社平河工業所

落丁・乱丁本はお取り替えいたします。

©R.MASUDA　2016

ISBN 978-4-900585-05-8